| 杭商研究丛书

Motivate

杭州产业成长的逻辑

HANGZHOU CHANYE CHENGZHANG DE LUOJI

周旭霞 著

Open

Seek

Enlarge

图书在版编目(CIP)数据

杭州产业成长的逻辑 / 周旭霞著. —杭州：浙江工商大学出版社，2016.3

ISBN 978-7-5178-1348-4

Ⅰ. ①杭… Ⅱ. ①周… Ⅲ. ①产业发展—研究—杭州市 Ⅳ. ①F127.551

中国版本图书馆 CIP 数据核字(2015)第 247264 号

杭州产业成长的逻辑

周旭霞 著

责任编辑 梁春晓　胡亚娟
封面设计 林朦朦
责任印制 包建辉
出版发行 浙江工商大学出版社
(杭州市教工路 198 号　邮政编码 310012)
(E-mail:zjgsupress@163.com)
(网址:http://www.zjgsupress.com)
电话:0571-88904980,88831806(传真)
排　　版 杭州朝曦图文设计有限公司
印　　刷 杭州恒力通印务有限公司
开　　本 710mm×1000mm　1/16
印　　张 12.25
字　　数 207 千
版 印 次 2016 年 3 月第 1 版　2016 年 3 月第 1 次印刷
书　　号 ISBN 978-7-5178-1348-4
定　　价 36.00 元

目　录

第一篇章　扩大有效投资新常态

第二篇章　寻求转型升级新路径

第三篇章　激发新兴产业新活力

第四篇章　开启产业政策新效应

第一篇章

扩大有效投资新常态

杭州有效投资的方向

——基于366份党政领导的调查问卷分析

为了探寻杭州市扩大有效投资的重点领域，深入了解本市各级党政领导就政府资金投向的建设性意见和建议，从而增强有效投资的针对性和科学性，课题组通过发放问卷的方式，在全市党政领导中开展了为期3个月的“杭州有效投资的重点”主题调研。调研时间为2014年9月至11月，调研对象为全市担任一定领导职务的党政领导，特别是在中共杭州市委党校秋季班培训的市进修班、市中青班、党政正职班、城区进修班、城区中青班等班次学员。调研过程中共发放调查问卷400份，实际回收385份，问卷回收率为96.25%，其中有效问卷366份。课题组对问卷进行了归类统计，并对统计结果进行全面分析。

一、对扩大有效投资的认同

调查结果显示，党政领导对当下杭州积极扩大有效投资的认同度非常高。近七成领导认为，杭州积极扩大有效投资能起到“稳定经济增长”的作用，59.0%的党政领导认同投资能“改善民生”。投资对于“促进就业”也有着明显的效用，45.4%的党政领导对此持肯定态度。另外，有超过三成的领导认可扩大有效投资能“提高社会运行效率”，而对投资能“产生新的消费需求”的认同度却不高，只占2.2%。见表1。

表1　党政领导对扩大有效投资的认同

有效投资的作用		认同人数	认同比例
1	稳定经济增长	254	69.4%
2	改善民生	216	59.0%
3	促进就业	166	45.4%

续　表

有效投资的作用		认同人数	认同比例
4	提高社会运行效率	120	32.8%
5	产生新的消费需求	8	2.2%

二、对杭州基础设施的评价

从整体上看，党政领导对杭州商业设施的满意度评价最高，有30.1%的党政领导选择“满意”，49.7%的党政领导选择“基本满意”，两者加起来满意度达到79.8%。对杭州交通出行的满意度最低，只有3.8%的党政领导选择“满意”，42.1%的党政领导选择了“不太满意”。有点出乎意料的是，只有四成的党政领导对教育布局、医疗机构和文体设施持“满意”或“基本满意”的态度，选择“满意”的人数占比只有区区一成。从某种意义上来说，这一评价结果恰恰说明了杭州基础设施还有着巨大的投资空间和机会。见表2。

表2　党政领导对杭州基础设施的评价

评价项目	满意(%)	基本满意(%)	一般(%)	不太满意(%)
交通出行	3.8	19.7	34.4	42.1
教育布局	8.7	36.6	37.2	14.5
医疗机构	8.7	33.3	38.4	18.7
商业设施	30.1	49.7	15.8	4.4
文体设施	10.9	36.6	36.1	16.4

党政领导对基础设施满意度低的原因是什么？有哪些具体建议？表3是课题组根据366份调查问卷梳理而成的。见表3。

表3　党政领导对基础设施的评价与建议

评价项目	评价与建议
交通出行	**评价**：出行难，停车难，公交堵，地下交通不便；公共交通跟不上，车辆少，服务差；交通规划滞后，交通组织效率低；城市立体网络交通没有形成
	建议：取消限牌，实行单双号限行；优化交通规划，提高交通组织效率；多投放公交车

续　表

评价项目	评价与建议
教育布局	**评价**：优质教育资源配置不均衡；公办、民办学校间差距过大；师资力量跟不上大量外地生源的增加；读书难，尤其是新杭州人读书更难
	建议：外地生源录取应有相应的政策；全市要统筹教育资源，照顾新杭州人
医疗机构	**评价**：大医院人多，小医院水平差；医院布局不合理，集中在中心城区；医院以营利为目的；看病难、麻烦，找好医生难
	建议：多建分院，缓解医疗资源过度集中的问题；提高医生职业道德与技术水平
商业设施	**评价**：商业设施未与新建小区配套；部分商业设施质量差；商业综合体数量太多，有重复建设之嫌
	建议：停止盲目扩建、跟风建大型商业综合体
文体设施	**评价**：专业性活动场馆少，无处可"动"；免费开放的设施少，开放程度不够；居民活动场地偏小，设施太少；设施分布不均衡，有的小区基本没有配套设施
	建议：扩大学校资源向社会公众开放的程度；提高体育场地等设施的开放度

三、对重点投资领域的建议

89.1%的党政领导认为杭州应将城市地下管网、城镇公园、绿化工程、公共交通、停车场、供电供水系统等基础设施作为投资重点，按照网络化、智能化、数字化的要求，完善综合交通网、能源保障网、水利设施网、高速信息网，推进"智慧城市"建设。72.7%的党政领导赞同继续完善医疗卫生、义务教育、流动图书馆、幼儿园建设、社会养老服务、科研、文化(农村文化礼堂)等社会功能项目。38.8%的党政领导建议立足于城乡统筹发展，大力推进美丽乡村建设，实施中心镇建设、旧村改造、村庄环境整治、农田水利、山老区公路改造等投资项目。30.6%的党政领导呼吁加快保障性住房、城中村改造和农房集聚改造等项目的投资建设。提及生产生活项目的人数比例不高，只有11.5%，党政领导们普遍认为，大型超市、现代广场购物中心、菜场、燃气管道等设施相对完善，群众生产生活方便。见表4。

表4　党政领导对重点投资领域的建议

重点投资领域		建议人数(人)	建议比例(%)
1.	基础设施和智慧城市项目	326	89.1

续 表

重点投资领域		建议人数(人)	建议比例(%)
2	社会功能完善项目	266	72.7
3	生产生活项目	42	11.5
4	城乡统筹项目	142	38.8
5	改善居住项目	112	30.6

(一)杭州交通领域的投资重点

在交通领域,83.1%的党政领导将“城市地铁”选择为投资重点;其次是“城际轨道交通”建设,有近五成的党政领导高度重视。43.7%的党政领导建议要加强道路整治,一是提升县域交通的设计能力,改善农村交通;二是拓宽、维修偏远乡镇农村公路;三是加快高架和下穿通道投资建设。另外,一些党政领导认为杭州要多投资建设停车场、电动汽车电瓶充电站,同时要优化公交线路,推进公交零换乘、公交进社区。见表5。

表5 党政领导对交通投资的建议

交通领域投资重点		建议人数(人)	建议比例(%)
1	城市地铁	304	83.1
2	城际轨道交通	172	47.0
3	绕城高速	110	30.1
4	道路整治	160	43.7
5	其他	40	10.9

(二)杭州卫生领域的投资重点

健康是人类生存与发展的基础。对于卫生领域的投资,超过七成党政领导首选“养老机构”;其次是关心“医疗队伍”建设,建议比例达到60.7%;还有46.5%的党政领导希望投资建设一些医院。有9.3%的党政领导提出,增添养老护理、保健机构,强化社区卫生服务中心建设,加强药品监管,加强县、乡镇层医疗队伍建设,切实提高农村医疗服务水平。见表6。

表 6　党政领导对卫生投资的建议

卫生领域投资重点		建议人数(人)	建议比例(%)
1	养老机构	260	71.0
2	医院	170	46.5
3	医疗设备	72	19.7
4	医疗队伍	222	60.7
5	其他	34	9.3

(三)杭州公共服务领域的投资重点

对于公共服务领域的投资,党政领导的选择主要集中于"养老""医疗保健"和"教育",建议人数超过了60%。其他诸如"体育设施"之类的投资,个别党政领导也颇为关注。见表7。

表 7　党政领导对公共服务投资的建议

公共服务投资重点		建议人数(人)	建议比例(%)
1	养老	274	74.9
2	医疗保健	234	63.9
3	教育	230	62.8
4	信息服务	130	35.5
5	文化娱乐	50	13.7

(四)杭州生态领域的投资重点

对于生态领域的投资重点,七成以上的党政领导选择了"污水处理""垃圾处理"。认为要投资"大气治理"和"污染物排放"的党政领导也超过了60%。另外,党政领导们认为,加大截污纳管、管网建设、绿化等方面的投资也有利于生态环境的改善。见表8。

表 8　党政领导对生态投资的建议

生态领域投资重点		建议人数(人)	建议比例(%)
1	污水处理	260	71.0
2	垃圾处理	258	70.5
3	大气治理	248	67.8

续 表

生态领域投资重点		建议人数(人)	建议比例(%)
4	污染物排放	242	66.1
5	其他	16	4.4

四、对防范扩大投资的建议

问卷统计表明,在竞相扩大投资之际,50%以上的党政领导认为,杭州应防范“房地产泡沫”和“地方债务风险”,其中,担忧“地方债务风险”的领导人数最多,高达66.7%,其次是“房地产泡沫”,也达到63.4%。另外,个别党政领导建议,应尽量避免无规划投资、无效投资,同时,在项目投资领域,更需要防治腐败。见表9。

表9 党政领导对投资防范的建议

防范内容		建议人数(人)	建议比例(%)
1	产能过剩	172	47.0
2	房地产泡沫	232	63.4
3	地方债务风险	244	66.7
4	通货膨胀	80	21.9
5	其他	8	2.2

加大杭州小学、幼儿园教育资源投资的建议

在了解市民的社会公共需求时，众多市民提出，要重点加大杭州小学、幼儿园的教育资源投资，缓解入学难、入园难问题。为此，本文对杭州小学、幼儿园教育资源进行了梳理、分析，并提出相关建议。

一、杭州主城区入学难、入园难的原因分析

（一）教育资源供给现状

(1)新建小学的速度跟不上人数增长的速度。截至2013年，杭州主城区有114所小学，在校学生数为166214人；幼儿园328所，在园幼儿数为116236人。

表1　杭州主城区小学基本情况(2000—2013年)

年份	学校数(所)	在校学生数(人)	学校数增幅(%)	在校学生数增幅(%)
2000	216	118609	—	—
2001	183	115941	−15.28%	−2.25%
2002	175	116028	−4.37%	0.08%
2003	158	118208	−9.71%	1.88%
2004	143	123508	−9.49%	4.48%
2005	133	125156	−6.99%	1.33%
2006	116	129614	−12.78%	3.56%
2007	112	133094	−3.45%	2.68%
2008	111	135353	−0.89%	1.70%
2009	109	137836	−1.80%	1.83%
2010	107	141219	−1.83%	2.45%
2011	110	148496	2.80%	5.15%

续　表

年份	学校数(所)	在校学生数(人)	学校数增幅(%)	在校学生数增幅(%)
2012	112	155113	1.82%	4.46%
2013	114	166214	1.79%	7.16%

数据来源:杭州市统计年鉴(2001—2014)
说明:主城区数据不包括萧山、余杭、富阳三区

表 2　杭州主城区幼儿园基本情况(2000—2013 年)

年份	园数(个)	在园幼儿数(人)	园数增幅(%)	在园幼儿数增幅(%)
2000	339	48394	—	—
2001	279	51947	−17.70%	7.34%
2002	281	53703	0.72%	3.38%
2003	287	56417	2.14%	5.05%
2004	285	60804	−0.70%	7.78%
2005	300	65949	5.26%	8.46%
2006	329	69346	9.67%	5.15%
2007	330	77831	0.30%	12.24%
2008	319	87323	−3.33%	12.20%
2009	311	92991	−2.51%	6.49%
2010	317	100535	1.93%	8.11%
2011	326	106770	2.84%	6.20%
2012	325	113642	−0.31%	6.44%
2013	328	116236	0.92%	2.28%

数据来源:杭州市统计年鉴(2001—2014)
说明:主城区数据不包括萧山、余杭、富阳三区

2013 年相比 2010 年,杭州主城区小学增加了 4 所,在校学生增加 24995 人;幼儿园增加 11 所,在园幼儿增加 15701 人。从图 1、图 2 观察,在校学生数量的增加快于学校数的增长。

近十多年来,杭州城市建成面积、城市人口急剧增加,而外来务工人员的大量导入,使得城市逐渐“变小”“变挤”,原本配套的公共资源变得明显不足,就总量而言,杭州新增学校并不多,容易造成教育资源短缺。

(2)扩建、改建的空间已经很小。近年来,杭州通过扩建、改建等方式,使得教育资源的集中度不断得以提高,原来发展小而散的局面得到了很大改善,教育资源的分布也在不断得以优化。但由于历史上城市建设规划的原因,老

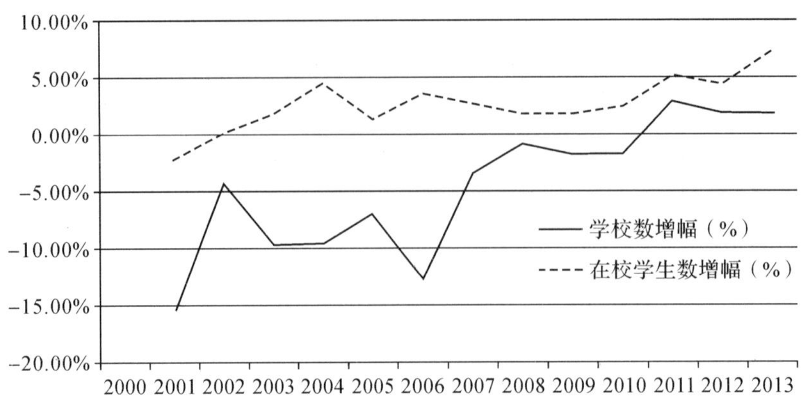

图 1　杭州主城区小学及学生数变动情况(2000—2013 年)

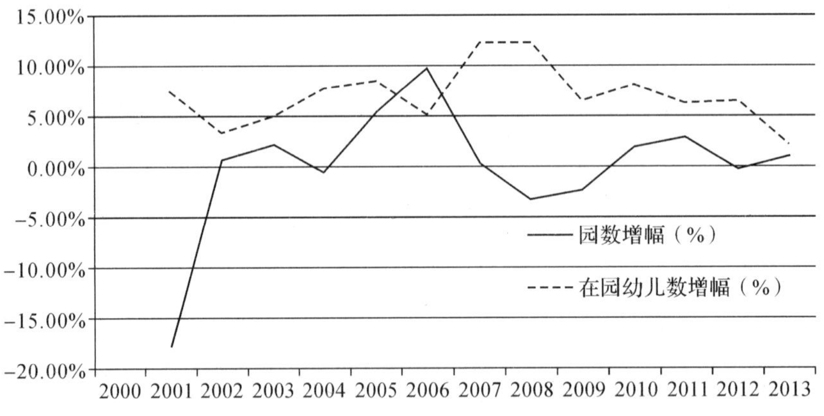

图 2　杭州主城区幼儿园及幼儿数变动情况(2000—2013 年)

城区学校校点少,规模小,布局不合理,场地有限,改造和拓展难度极大,教育资源增量难以突破。调研发现,大部分学校已将各类功能室和实验室改为教室,把专用教室变成普通教室,向校外、街道租房子,比如文渊小学,租用场地办了 4 个班。大班、超大班现象十分突出。

(3)部分区域教育配套未实现"三同步"。按《国务院关于当前发展学前教育的若干意见》(国发〔2010〕41 号)相关要求,新建小区配套幼儿园要与小区同步规划、同步建设、同步交付使用("三同步")。建设用地按国家有关规定予以保障。未按规定安排配套幼儿园建设的小区规划不予审批。课题调研中发现,学校建设明显滞后于开发建设,2011 年 7 月,下沙伊萨卡社区就因学龄前儿童无法就近入托,致信于经济开发区社发局和杭州市政府相关领导。

(二)教育资源需求层面

(1)进城务工子女人数迅速增加。近年来,随着城市化进程的加快,农村人口向城镇聚集和转移，进城农民工子女剧增，2014 年杭州主城区小学入学新生约 23000 人，外来人口生源约 11000 人，外来人口生源已占总数的 47.83%。2004 年杭州出台《外来务工人员子女在杭就学的暂行管理办法（试行）》、2008 年杭州市政府出台《杭州市义务教育阶段进城务工人员子女在杭就学管理暂行办法》和“同城待遇”政策，现进城务工人员子女在杭就读的门槛并不高，“三个满一年”即可入学，让更多家长想把“留守”的孩子带到身边在杭州上学。

（2）常住适龄儿童人数不断增加。2013 年，杭州各城区常住适龄儿童入学人数比去年同期增加了 4000 多名。这一方面与购房宽松政策有一定的关系，部分有条件的外地人通过购房迁户获得杭州居民身份，其子女自然成为符合入学条件的本地生；另一方面，这与计划生育政策的逐步放开也有一定的关系。随着计划生育政策的调整，乡镇居民中生二胎人数明显增加，如今这些孩子已到了法定入学年龄，造成入学人数大幅度上升。

二、拓宽杭州教育资源的对策建议

虽然杭州现有小学、幼儿教育资源基本能满足当前入学需求，但受外来人口的大量集聚、“单独二孩”政策的实施等因素影响，现有小学、幼儿教育资源总量不足的情况可能会加剧，教育资源分布与区域适学人口不匹配等现象也容易出现，建议政府相关部门组织调研，科学预测，及早规划和部署。当然，问题的解决不可能一蹴而就，本文提出以下对策。

（1）修订指标，科学预测配置容量。按照《杭州市人民政府办公厅关于印发杭州市区住宅区配套中小学（幼儿园）建设管理暂行办法的通知》文件，教育配套是按照小学每百户 22 人、初中每百户 11 人的标准进行配置，但从实际入学需求看，部分区块入学人数远远超过按标准配置的容量，大大突破了现有教育配套容量的测算标准。鉴于杭州是人口导入地区，新人户和外来人口将在一定时间内持续增长的实际，课题组认为，小学每百户 22 人、初中每百户 11 人的标准配置指标已不能满足“单独二孩”政策后的需求，建议相关部门能及时修订指标，综合考虑人口自然增长、“单独二孩”、买房入户、城镇化等因素影响，科学预测未来 5—10 年乃至更长时间的入学人数，按预测统筹幼儿园、中小学校的配套规划。

（2）占补平衡，统筹城乡教师编制。在教育资源紧缺的情况下，新建、扩建学校是缓解入学难的有效途径，但目前教师编制总量控制非常严格，杭州市编委办负责人解释，中央明确事业编制要以 2012 年底统计数为基数，只减不增。事实上，从杭州整体而言，学校存在人员编制闲置与紧缺并存现象。一方面，在城镇尤其是主城区，部分学校压力较大，人员编制紧缺；另一方面，在部分农村尤其是偏远山区，学校存在规模小、设施落后、师资力量过剩、生源不足等情况，造成了教职工编制资源的闲置。建议政府灵活运用“占补平衡”的方法，适当借用部分农村的教职工编制，支持新建、扩建的学校，动态统筹城乡教师编制。另外，还可利用农村教职工“上挂”的办法，既能锻炼、提高农村教职工的能力，又能为新建、扩建学校补充师资力量。

(3)多元发展，增强民间办学力量。作为民营经济大市的杭州，民办教育资源并不多，据杭州市教育局相关负责人介绍，目前民办初中的招生人数占杭州市区小学毕业生的 15%—20%，但市区 16 所民办小学 2014 年共招收 2448 名学生，只占一年级新生人数的 7%左右。2013 年，杭州全面取消公办中小学择校，公办零择校，有择校需求的家长只能选民办，民办小学报名骤然升温，2014 年有些热点民办小学报名和录取比例达到了 10∶1。从民办小学报名招录比能看出家长对于孩子获得优质教育的需求。建议杭州政府加快教育多元化的发展，研究和制定相关的配套政策和扶持举措，争取更多的民间资本进入教育领域，增加优质民办小学、民办幼儿园的数量，扩大其规模。另外，积极引进国外优质教育资源，探索与开启国际合作办学进程，使国际优质教育资源更多地惠及市民群众，同时也促进杭州城市国际化、提升杭州教育国际化水平。

(4)想方设法，提高学校吸纳能力。尽管外来务工人员子女的流入在某种程度上造成了杭州教育资源紧张，但从以人为本、社会稳定以及杭州长远发展来考量，作为人员流入地，政府必须承担起外来务工人员子女入学的责任。我们从杭州市规划局了解到，目前，杭州教育设施的规划建设还存在一些问题，比如，老城区单元仍存在教育配套缺口，现教育设施用地已达极限，无拓展空间，单元内无可挖掘利用的土地等。规划实施需以地块更新、改造为前提，近期实施难度大，落地时间无法保证，随着人口增加、二孩政策实施以及外来人口教育需求增加等，未来矛盾更加突出。建议由区、街道、社区出面协调，中长期租赁一批学校周边的房子；和学校周边的企事业协商，共用会议、接待等各类功能室和室外场地；相近学校之间沟通、探讨合用部分使用频率不高的实验室，尽可能增加普通教室，提高学校吸纳能力。

(5)加强监督，加大政策宣传力度。地方政府是发展学前教育、解决入学难、入园难问题的责任主体。建议加强管理，落实责任，建立督促检查和问责机制，严格实施“三同步”政策，努力建成一批立足长远、功能合理、特色鲜明的高品质学校。另外，需要加大政策宣传力度。如杭州市教育局于2004年就出台了《外来务工人员子女在杭就学的暂行管理办法（试行）》（杭教初〔2004〕15号），保障其子女入学权益，规范相关入学程序。但由于外来务工人员忙于生计，信息闭塞，规范意识不强，对这一系列教育政策知之甚少，往往是孩子到入学年龄，才发现不符合入学条件。在杭州居住多年，且有长期定居意向，却因条件欠缺，导致孩子无法入学。本地家长也认为外来人员的大量入读侵占了属于本地人的教育资源，小班变成大班，剥夺了自己孩子接受优质教育的权利。加大政策宣传力度，有助于正确预测入学人数，更有助于缓解矛盾。

扩大杭州民间有效投资新动力

扩大投资是当前及今后一个时期拉动经济增长最直接、最有力、最有效的途径。近年来，中央及地方政府都出台并实施了一揽子经济刺激措施，主要倚重政府和国企迅速扩大投资，取得了明显的成效。但与此同时，信贷增速逐渐放缓，政府投资驱动力逐渐弱化，经济增长动力逐渐减弱。这一现实倒逼我们，必须更大程度运用民间资本，激发民间投资，保持经济持续回升。

民营经济是杭州的最大特色，民营企业是杭州经济的主体，为杭州经济社会发展做出了巨大贡献。民间资本的投资动力来自资本预期利益的冲动，也来自外部环境的诱导，因而，采取有效措施全面启动民间投资，将民间资本转化为投资增长的内生动力和活力，形成推动经济可持续发展的内生机制，是杭州经济平稳较快发展不可或缺的长久之计。

一、杭州民间资本的供给规模

（一）民间资本的概念与特点

民间资本的概念具有中国特色，为非政府拥有的资本，指自然人和非国有法人进行投资后形成的资本。民间投资是相对于政府投资而言的。政府投资主要分布在基础设施、国家安全等公共领域，民间投资一般被界定为全社会投资总额扣除国有经济投资和港澳台投资及外商投资的那部分投资。

民间投资的资金来源于数额庞大的社会闲散资金，主要投资于一般竞争性领域，运作效率较高，逐步成为产业增长的重要资本力量。影响民间投资的因素较多，如政策、体制、环境、市场、观念等。当下，充分掌握民间资本的存量规模和投资动态，寻求民间资本实现投入—产出—再投入—再产出的良性循环的路径，倡导民间投资与政府投资的良性互动，对推动杭州经济持续、健康发展具有重要意义。

（二）杭州民间资本的供给总量

民间资本主要由民营企业存款（流动资产）和居民储蓄（家庭金融资产）构成，因居民闲散现金、企业库存产品金额难以统计，本文不做考虑。

1. 城乡居民储蓄存款

居民储蓄存款是民间资本的主要形态之一。至2013年末，杭州城乡居民储蓄存款达6408.58亿元。2008年增长率最高，达到31.95%。城乡居民储蓄存款额度随资本市场的活跃而变化明显，如2007年由于股市火热，城乡居民很大部分存款流向了证券市场，2012年开始，随着余额宝、票据宝等金融理财产品的诞生，储蓄存款年增长率开始降低。见表1。

表1 杭州城乡居民储蓄存款(2004—2013年)

年份	金融机构存款额(亿元)	城乡居民储蓄存款额(亿元)	城乡居民储蓄存款所占比重(%)	城乡居民储蓄存款年增长率(%)
2004	5707.20	1835.17	32.16	15.42
2005	6748.72	2191.66	32.48	19.42
2006	7855.55	2555.24	32.53	16.59
2007	9310.96	2634.83	28.30	3.11
2008	11333.35	3476.59	30.68	31.95
2009	14284.21	4286.92	30.01	23.31
2010	17084.35	4990.97	29.21	16.42
2011	18396.57	5547.48	30.15	11.15
2012	20148.77	6089.98	30.23	9.78
2013	22174.71	6408.58	28.90	5.23

数据来源:《杭州市统计年鉴》

2. 民营企业存款余额

民营企业的流动资产也是民间资本的重要构成部分。2013年末，杭州人民币存款总额为21749.05亿元。2011—2013年数据采用指数回归模型测算，2013年民营企业人民币存款可达14000亿元，占人民币存款总额的64.70%。见表2。

表 2　杭州民营企业人民币存款(2004—2013 年)

年份	人民币存款总额(亿元)	民营企业人民币存款额(亿元)	民营企业人民币存款占比(%)	民营企业人民币存款年增长率(%)
2004	5522.60	2454.00	44.44	16.40
2005	6566.47	2705.74	41.21	10.26
2006	7683.02	3239.24	42.16	19.72
2007	9154.46	4150.18	45.34	28.12
2008	11146.24	4571.68	41.02	10.16
2009	14059.16	6728.99	47.86	47.19
2010	16838.18	7936.54	47.13	17.95
2011	18115.44	9375.53	51.75	18.13
2012	19599.85	11485.71	58.60	22.51
2013	21749.05	14070.83	64.70	22.51

说明:2011 年起因统计指标项目调整,不直接反映民营企业存款余额,2011—2013 年数据采用指数回归模型测算得出

数据来源:《杭州市统计年鉴》

根据上述民间资本的主要组成部分估算,到 2013 年末,杭州城乡居民储蓄存款为 6400 亿元,民营企业人民币存款达到 14000 亿元,民间资本总量在 20000 亿左右。由此可见,经过多年发展,杭州已经积累了数量相当可观的民间资本。而如此大规模的民间资本能否有效转化为投资,特别是能否转化为产业资本,对杭州未来的可持续发展至关重要。

二、杭州民间投资的发展态势

(一)民间投资的发展规模

杭州是民营经济大市,民间投资构成了杭州社会投资的重要组成部分。近年来,民间投资规模不断扩大,从 2007 年的 821.57 亿元扩大到 2013 年的 2253.63 亿元,占社会总投资的比重从 2007 年的 52.54%扩大到 2014 年 1—9 月的 58.70%。"十二五"前三年,累计完成民间投资突破 6000 亿元,年均增长 17.0%,占全部固定资产投资的比重为 54.7%。2007 和 2008 两年受国际金融危机影响,民间投资增速趋缓。2009 年开始,民间投资信心逐年回升,民间投资增幅由 2007 年谷底的 9.84%提高到 2009 年的 17.80%,增速超过社会总投资的增长速度。

2014 年 1—9 月进一步提高到 25.3%，民间投资成为拉动投资增长的重要力量，民间投资占固定资产投资的比重达到 59.1%，较 2007 年提高 6.6 个百分点。可见，民间投资的作用越来越大，在杭州经济社会发展中处于举足轻重的地位。见表 3。

表 3　杭州市民间投资基本情况表(2007—2014 年)

年份	民间投资额（亿元）	民间投资增幅（%）	固定资产投资额（亿元）	固定资产投资增幅（%）	民间投资占全部投资比重（%）
2007	821.57	9.84	1583.78	15.33	52.54
2008	945.05	13.52	1882.29	18.85	50.18
2009	1112.74	17.80	2195.17	16.62	50.69
2010	1368.03	23.21	2651.88	20.81	51.60
2011	1750.70	24.50	3100.02	17.69	56.50
2012	2059.59	17.60	3722.75	20.10	55.32
2013	2253.63	9.40	4263.87	14.50	52.90
2014(1—9)	1957.95	25.30	3315.07	15.90	59.10

数据来源：根据杭州市统计信息网信息整理所得

（二）民间投资的支撑效应

民间资本固定资产投资的直接效应，一般通过计算民间投资贡献率来进行分析和判断。最近几年，民间投资对经济增长的贡献水平，一般都在 3.5% 以上（即每 10 个百分点以上的 GDP 增长率中，有 3.5 个百分点是由民间投资所贡献的），2011 年，民间投资贡献率高达 6.17%，表明民间投资的支撑作用非常明显。见表 4。

表 4　杭州民间投资的贡献率

年份	GDP(亿元)	GDP 增长率(%)	民间投资额(亿元)	民间投资贡献率(%)
2007	3257.88	14.6	821.57	2.72
2008	4781.16	11.0	945.05	3.45
2009	5098.66	10.0	1112.74	3.52
2010	5945.82	12.0	1368.03	5.07
2011	7011.80	10.1	1750.70	6.17
2012	7802.01	9.0	2059.59	4.99
2013	8343.52	8.0	2253.63	2.49

注：投资贡献率＝$(I_n-I_{n-1})/G_{n-1}$，其中 I_n 表示第 n 年的投资额，G_{n-1} 表示 $n-1$ 年 GDP

数据来源：杭州市统计局

（三）民间投资的区域布局

近八成民间投资集中在市区。2013 年，市区完成民间投资 1673.53 亿元，占全市民间投资的 73.55％；2014 年 1—9 月，市区完成民间投资 1550.95 亿元，占全市的 79.21％。五县（市）民间投资占比较高。2011 年，五县（市）民间投资占全部固定资产投资的 67.8％，较杭州市平均水平高 11.8 个百分点；2014 年 1—9 月，五县（市）占比为 62.2％，较杭州市平均水平高 3.1 个百分点，较市区高 3.9 个百分点。2013 年五县（市）民间投资规模为 580.10 亿元，占区域资产投资的比重达到 67.4％。作为促进区域经济发展重要因素之一的民间投资，其重要性对五县（市）来说不言而喻。

表 5　杭州民间投资的区域布局

区域		2011 年		2012 年		2013 年		2014 年 1—9 月	
		投资规模（亿元）	占区域投资比（％）	投资规模（亿元）	占区域投资比（％）	投资规模（亿元）	占区域投资比（％）	投资规模（亿元）	占区域投资比（％）
全市		1738.18	55.98	2087.81	56.08	2275.21	52.9	1957.95	59.1
市区	主城	830.20	52.29	911.70	48.31	868.62	42.6	810.88	55.0
	萧山	277.58	53.48	359.01	58.19	413.08	56.5	393.62	61.5
	余杭	238.13	57.59	322.14	62.90	413.55	64.9	346.45	63.3
	总量	1345.91	53.40	1592.83	52.81	1673.53	49.2	1550.95	58.3
五县（市）	临安	87.53	77.13	114.80	83.20	122.00	74.3	76.27	61.3
	富阳	110.71	57.85	145.57	62.11	179.92	62.7	137.34	62.0
	建德	53.81	67.57	69.07	71.83	82.74	70.3	50.36	62.6
	淳安	48.37	60.89	55.00	56.73	69.07	57.9	46.42	50.4
	桐庐	91.86	79.28	110.54	80.11	126.22	73.1	96.61	71.3
	总量	392.28	67.80	494.98	70.04	580.10	67.4	407.00	62.2

数据来源：杭州市统计局网站

（四）民间投资的产业分布

杭州民间投资的产业分布呈现以下特征：（1）第三产业民间投资占主导力量。2013 年，杭州市民间投资中，第一产业投资 6.68 亿元，比 2010 年增长 2.4 倍，三年年均增长 51.0％；第二产业投资比 2010 年增长 28.4％，年均增长 8.7％，占全部民间投资的 27.3％；第三产业投资比 2010 年增长 76.4％，年均增长 20.8%，占全部民间投资的 72.4%。2014 年 1—9 月全市民间投资中，三次产业投资分别增长 109.2%，-5.4%和 37.2%，比重为 0.3∶21.3∶78.3。(2)房地产民间投资支撑作用显著。2013 年，杭州市房地产民间投资 1253.29 亿元，占全部民间投资的 55.6%；2014 年 1—9 月，全市完成房地产业民间投资 1004.53 亿元，增长 38.1%，占全部民间投资的 61.1%，较去年同期提高 5.7 个百分点。(3)工业民间投资所占比重逐年下降。2011 年至 2013 年，工业民间投资占全部民间投资的比重分别为 28.9%，28.7%和 27.3%，呈现逐年下降趋势。2014 年 1—9 月，全市完成工业民间投资 417.16 亿元，增幅由去年同期增长 6.7%下降至-5.4%，比去年同期回落 6.9 个百分点。(4)基础设施民间投资有所提升。“十二五”以来，杭州市基础设施民间投资呈逐步提升的态势。2011 年、2012 年和 2013 年所占比重分别为 1.9%，3.5%和 3.7%。2014 年 1—9 月，全市完成基础设施民间投资 79.45 亿元，增长达 40.2%，占全部民间投资的 4.1%。

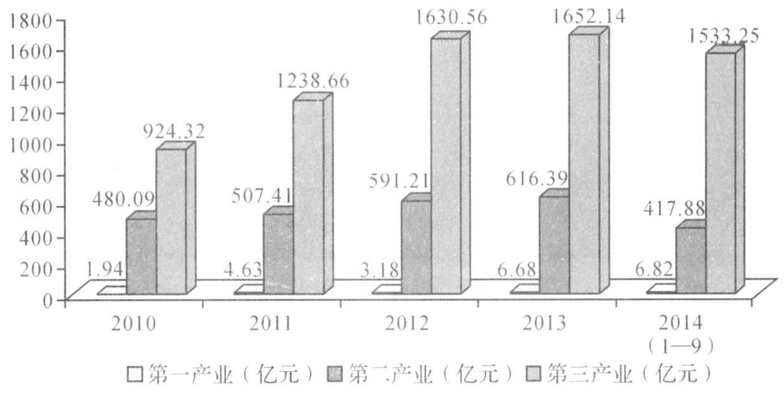

图 1　杭州民间投资的产业分布

（五）民间投资的形式特点

近年来，杭州民间投资形式呈现多样化特征，民间资本逐渐以 BT(建设—移交)、BOT(建设—经营—移交)、TOT(转让—经营—移交)等模式参与公共设施建设，如浙大网新集团有限公司作为庆春路过江隧道 BOT 项目的投资主体，负责完成整个隧道的投融资、建设、运营和移交，很大程度上丰富了民间投资的载体。从民间投资的投资主体结构看，有限责任公司和私营企业是民间投资主力。2013 年，有限责任公司和私营企业二者完成投资 1967.04 亿元，占全市民间投资比重为 87.3%。外地民间资本纷纷入杭投资，省内的吉利汽车、青年汽车、苏泊尔、正泰、海正药业、雅戈尔以及外省的朗诗、万科、万通等大型民间投资企业纷纷进入杭州，投资的领域涉及汽车制造业、生物医药制造业、太阳能光伏制造业、房地产业等诸多行业，极大地激发了杭州的投资活力，成为杭州民间投资增长的重要生力军。民间投资资金主要来源于企业自筹，“十二五”以来，杭州的民间投资资金中，自筹资金占到位资金的四成多，如 2013 年占比为 42.2%，2014 年 1—9 月，自筹到位资金 1127.50 亿元，占全部民间投资到位资金的比重达 47.4%，自筹资金比重明显偏高。

三、民间资本的投资倾向调查

为了掌握民间资本的投资倾向，课题组于 2014 年 8—10 月期间，分别在桐庐、滨江、江干、西湖、下城、萧山等地开展调研，采取座谈会、访谈等形式，走访了 40 余家企业和 4 个产业集聚区，开展企业投资意向调查。

（一）民营企业的投资动态

（1）投资进度放缓。部分企业投资项目受成本压力、市场因素等影响，对后市信心不足，现场施工进度明显放缓。从调查情况看，有 20%左右的企业由于各种原因，实际建设进度滞后于预定投资计划。

（2）投入资金减少。调查显示，仅有 10%的企业计划追加投资，25%的企业预计投资基本不变，25%的企业表示投资将略有减少，近三成企业预计投资大幅度减少。这也预示接近半数企业 2015 年投资将出现下滑的态势。

（3）投资外迁计划。随着杭州土地成本、用工成本的不断上涨以及节能减排的限制，部分企业有往市外及省外投资的打算。调查显示，部分企业有到省外投资的计划，还有一些企业既有到市外又有到省外投资的计划，合计约有二成企业有投资外迁计划，预计将来会有更多民营企业（尤其是工业企业）搬迁异地。

（二）民间投资的困难

（1）投资形势严峻。由于国内外经济形势较为低迷，部分企业普遍面临出口下滑、盈利缩减、成本上涨、资金紧张等情况，部分企业对投资慎之又慎。调查显示，25%的企业认为未来几年投资市场形势较为严峻，一半左右的企业认为今后几年的投资机会与以前相差不多。

(2)项目推进困难。资金筹措困难、原材料价格与人工成本上涨以及征地拆迁用地难成为企业投资项目推进过程中遇到的主要困难,其中 30%的企业把征地拆迁用地难列为最大的困难。此外,行政审批效率不高、配套基础设施建设不完善等也阻碍了项目的推进。

(3)融资难度较大。从企业本年项目资金到位情况看,有 15%左右的企业到位资金小于本年投资额。25%的企业认为项目投资的融资难度略有提高,更有一成企业认为项目投资的融资难度明显提高,而认为融资难度略有下降和明显下降的企业为 20%。

四、杭州民间投资存在的问题及原因分析

(一)杭州民间投资存在的主要问题

(1)民间投资项目规模不大。杭州市民间投资平均规模较小,亿元以上项目数量偏少。2013 年,杭州市民间投资在建施工项目(剔除房地产项目)2926 个,其中,亿元以下在建施工项目 2340 个,占全市亿元以下在建施工项目的 63.9%;10 亿元以上在建施工项目仅有 37 个,占全市 10 亿元以上在建施工项目的 29.6%。项目平均规模 0.94 亿元,低于全市项目平均规模 0.71 亿元,民间投资项目规模较小。2014 年 1—9 月,全市民间投资在建施工项目 2352 个,10 亿元以上在建施工项目 41 个,占全市 10 亿元以上在建施工项目的 33.6%。

(2)民间投资行业分布不均。杭州民间投资主要集中在房地产业和工业。2013 年,杭州市房地产业和工业二者合计民间投资占全市民间投资总量的八成多。而剔除房地产业民间投资后的其他服务业民间投资为 377.28 亿元,仅占全部民间投资的 16.7%。2014 年 1—9 月,剔除房地产业民间投资后的其他民间投资为 337.72 亿元,占全部民间投资的 17.2%。

(3)民间投资资本占比不高。杭州市民间投资总量居全省首位,2013 年分别较第二、三位的宁波和绍兴多 585.57 亿元和 720.95 亿元,但民间投资占全部固定资产投资的比重为 52.9%,低于全省平均水平 8 个百分点,居浙江省第九位。2014 年 1—9 月,杭州这一比重虽然上升为 59.1%,但仍低于浙江省平均水平 2.5 个百分点,居浙江省第九位。见表 6。

表 6 浙江省各市民间投资完成情况(2013—2014 年)

	2013 年			2014 年 1—9 月		
	民间投资(亿元)	固定资产投资(亿元)	比重(%)	民间投资(亿元)	固定资产投资(亿元)	比重(%)
浙江省	12396.29	20194.07	60.9	10555.98	17139.06	61.6
杭州市	2275.21	4263.87	52.9	1957.95	3315.07	59.6
宁波市	1735.63	3422.95	48.7	1496.51	2998.99	49.9
温州市	1523.52	2618.16	58.2	1234.45	2060.69	59.9
嘉兴市	1201.34	1910.15	63.1	1041.75	1661.08	62.7
湖州市	814.08	1070.05	76.1	745.67	995.13	74.9
绍兴市	1532.68	2001.99	76.6	1404.12	1824.00	77.0
金华市	1099.30	1364.36	80.1	814.45	1110.31	73.4
衢州市	438.72	670.72	65.3	395.28	615.37	64.2
舟山市	350.52	750.02	47.3	341.89	700.15	48.8
台州市	1091.33	1507.87	72.2	861.17	1210.14	71.2
丽水市	333.95	570.42	58.5	262.74	453.08	58.0

数据来源:浙江省统计信息网站

(4)民间投资基础设施不多。杭州基础设施民间投资主要集中在水利环境和公共设施管理、电力燃气及水的生产供应业以及交通运输、仓储和邮政业三个行业,而教育设施、卫生设施以及电信和其他信息传输服务业民间投资的比重仅为 3.9%,1.6%和 1.4%。如 2014 年 1—9 月,基础设施民间投资 79.45 亿元,占全部民间投资的 4.1%,其占全市基础设施投资的 12.7%。虽然近年来杭州出台了鼓励和引导社会资本参与基础设施建设的相关政策,基础设施民间投资增速和比重均有所提高,但其占全部民间投资的比重也仅为个位数,依然非常薄弱。

(二)杭州民间投资存在的问题分析

(1)民间投资的动力机制不足。一是市场需求的制约。民间投资与市场直接相联,市场需求是民间投资的主要动力。当前由于消费需求不足、企业成本(劳动力成本、融资成本)持续上升、国家税费负担压力过大等影响,社会总投资包括民间投资意愿大幅降低。近年来,杭州民间投资增速较快,主要因为房地产业收益宽幅很大(收益宽幅是指房地产投资回报率与银行存款利率之差），这使得大量民间资本向房地产业集聚。其他行业，民间资本转化为产业资本的机会并不多。二是收益预期的制约。理性预期学派认为，经济当事人为避免损失和谋取最大的利益，总是设法利用一切可获取的信息对经济变量在未来的变动趋势做出预测，并采取相应的行动。当前，社会各界对未来经济发展预期较低，如企业家信心指数低迷。另外，合意的预期收益率是激励民间投资主体进行投资活动的必要条件，目前市场中的投资主体对于未来预期收益大大降低。在低投资回报率和市场风险增大的预期下，民间投资的动力必将不足。

（2）资本生成的运行机制不畅。一是金融体制的制约。信贷是解决企业融资的一种典型方式，资金供需双方通过银行完成资金的转移。但是目前无论是在观念还是体制上，现行的金融制度仍未摆脱传统的束缚，银行对民营企业的融资支持力度不如国有企业，对中小微企业的支持不如大企业。大量的小微企业仅靠自身资金积累难以实现长足发展。二是信用制度的制约。市场经济以信用制度为基础，通过信用机制把货币资本转化为产业资本，实现资本循环扩大再生产，如股权融资、债券融资、股票融资等。而民营企业人格化的交易阻碍了信用制度的建立，在制度缺失和信息不对称的情况下，极易发生道德风险。虽然杭州为解决信用缺失、促进民间资本生成，积极培育担保和再担保的公司，但仍然难以满足企业的发展需求。民间资本具有分散性、逐利性及避险性，关键要对其进行有效的投资管理，真正将其转化为投资资本，而资本生成的运行机制不畅，将直接导致民间资本的供给与需求严重错位。

（3）投资主体的竞争能力不强。一是创新能力的制约。创新是企业的生命，也是企业赖以生存的支柱和持久发展的动力，更是提高企业竞争力的关键所在。如果投资主体创新能力不足，就难以形成有效的竞争。《杭州市第二次全国 R&D 资源清查主要数据公报》显示，全市私营企业中有 R&D 活动的企业数只占 9.4%，远低于全市 12.6%的平均水平。二是创新精神的制约。企业只有通过规范化治理，才能在市场经济竞争中立于不败之地。而要进行规范治理就需要企业决策者不断进行制度创新，提高管理水平，专注于企业的长期发展。马克思认为资本家之间的激烈竞争是促使他们不断投资扩大再生产的外在压力。竞争可以迫使企业提高投资和生产效率，以保证企业在市场上的优势地位。一旦企业家精神缺失，必将难以承受激烈的市场竞争，而将更多的资金投入非实体领域。

(4)民间投资的协调机制不灵。一是利率政策的制约。利率是政府调控民间投资规模和发展速度的一个重要手段。发达国家利率市场化和约束机制比较健全,使利率成为重要的经济变量。而我国非市场化的利率政策不能真正引导投资,难以起到调节作用,利率也不能真实反映货币市场的供求状况。如在银行借贷严格管制下,民间融资利率迅速提高,急需资金的中小微企业只能转向民间高利贷和"影子银行"(即小额贷款公司、担保公司、典当行等)。二是市场准入的制约。随着民间投资各项扶持政策的相继落实到位,杭州市民间投资的领域不断拓宽,民间投资参与渠道也逐渐增加。但从实际情况看,部分高回报的垄断行业、社会事业、基础设施和公共服务等领域依然存在市场准入障碍,民间资本尚难进入或涉足。政府通过产业政策、税收政策等对民间投资进行合理控制,使其能均衡发展,但由于利率政策不到位、市场准入严格控制、税收压力过大等原因,协调机制有待发挥更大作用。

五、促进民间投资兄弟城市的经验启示

(一)昆明鼓励社会资本参与基础设施建设

2014 年 11 月 6 日,昆明市对外发布了《昆明市人民政府关于鼓励和引导社会资本参与基础设施等领域建设的实施意见》(以下简称意见),该意见就昆明市政府拓展社会资本投资渠道和领域、加快基础设施建设提出了规划。首批推出 80 个项目,总投资 1005 亿元,涵盖综合交通、市政设施、文化旅游、社会事业、产业园区建设等领域。这些项目鼓励和引导社会资本参与投资、建设和运营。意见称,凡是法律没有禁止的领域,都向社会资本开放。在项目实施范围上,意见表示,适宜采用政府和社会资本合作的项目模式,应符合价格调整机制相对灵活、市场化程度相对较高、投资规模相对较大、需求长期稳定等特征,优先选择收费定价机制透明、有稳定现金流的项目。见表 7。

表 7　昆明市政府和社会资本合作的项目模式

项目性质	项目列举	参与建设方式
公益性项目	义务教育和基本医疗等基本公共服务、普通公路、城市道路、桥梁、隧道、垃圾转运站、水库等	采取投资人代建、政府购买服务、土地和物业捆绑开发等方式开展合作

续　表

项目性质	项目列举	参与建设方式
准经营性项目	轨道交通、交通枢纽、地下综合管廊、污水处理及配套管网、生活垃圾和固体废弃物处置等	采取建设—经营—转让、股权(产权)投资等方式开展合作,或通过资源配置、政府补贴、价格调整等手段弥补投资成本
经营性项目	供水、水电、风电、太阳能光伏发电、收费公路、公共停车场、物业服务和教育、卫生、住房保障、养老中的非基本公共服务等	依法放开建设和经营市场,积极推行投资运营主体招商,推进市场化运作
收益过高的公共服务项目	—	对具有垄断属性的公共服务项目,提前设定合理的收益边界条件,加强监督管理,形成过高收益的有效约束
已建成投入使用的存量资产	—	采取转让—经营—转让、股权(产权)转让、作业外包、融资租赁、整合改制、后勤社会化等方式,引入社会资本进行专业化运营改造,提高运营管理服务水平

资料来源:根据《昆明市人民政府关于鼓励和引导社会资本参与基础设施等领域建设的实施意见》整理

(二)安徽城市基础设施PPP项目[①]向社会资本开放

2014年9月29日,安徽省政府在《关于加强城市基础设施建设的实施意见》(以下简称意见)中强调,要建立政府与市场合理分工的城市基础设施投融资体制。首批42个城市基础设施PPP项目向社会资本开放,项目总投资709.53亿元,涉及城镇污水处理、城镇生活垃圾处理等5个领域,分布在宿州、合肥等10个城市以及金寨、青阳等8个县市。

近几年,安徽城市基础设施建设投资年均1000亿元左右,其中政府性投资占65%左右,主要依靠土地出让或通过政府融资平台、以土地抵押方式筹集。由于地方政府债务不断增加,现行的资金筹集模式已难以为继。推进ppp模式,可有效减轻政府债务负担,有利于充分发挥政府和企业各自的优势,提高投资效益、提高公共服务效率、转变政府职能。

(1)开展调查摸底,建立健全城市基础设施档案。意见要求,2014年底前完成城市各类地下管网(线)普查工作,全面掌握各类地下管网(线)的建设年代、分布、材质、权属等信息,建立数字档案并做好异地备份,有条件的城市要建立统一的数字管理信息系统,推进智慧城市建设。同时,完成城市行洪河

① PPP(Public-Private Partnership)项目即"公共—私营—合作机制"模式,就是政府与社会资本合作,通过引入市场竞争和激励约束机制,为提供公共产品或服务而建立的全过程合作关系,其实质是政府购买服务。

道、排水设施等普查和积水易涝点排查工作，建立城市排水设施地理信息系统，并组织专业人员开展城市既有桥梁安全检测。2015年底前，要完成对城市既有桥梁的安全鉴定工作，及时对存在安全隐患的桥梁进行维修加固或改造重建。

(2)坚持规划引领，提高城市基础设施建设水平。意见指出，2014年底前，完成城市排水防涝综合规划编制工作，统一规划建设城市排水防涝设施。2015年底前，完成城市地下空间开发利用规划编制工作。此外，还要修编城市园林绿地系统等规划以及城市公共交通规划。鼓励有条件的城市编制城市轨道交通线网规划和近期建设规划，并与全省城际轨道交通规划做好衔接工作。

(3)围绕重点领域，加快城市基础设施建设步伐。意见强调，加大市政管网建设改造力度。到2020年，基本完成城市现有燃气老旧管道、供水管网和雨污分流改造，建立比较完善的地下管网(线)数字化管理监测系统；实现城镇公共供水全面普及，供水水质稳定达标；加强城镇污水处理设施建设，到2020年污水集中处理率达到95%以上；加快生活垃圾无害化处理设施建设，到2020年城市生活垃圾基本实现无害化处理，城市生活垃圾资源化利用率达到40%等。

为开展以政府购买服务方式推进城市基础设施建设试点，安徽省住房和城乡建设厅与国家开发银行安徽省分行联合研究制定了试点方案。方案明确由政府负责制定服务收费政策以及价格调整、补贴机制，并以特许经营或购买服务等方式运作。企业可凭特许经营协议或政府购买服务合同作为支撑文件向银行贷款，负责城市基础设施的投资、建设、运营和养护。国家开发银行负责向企业发放中长期贷款。实行政府、企业、金融机构三方联动的市场化运作方式，目前，正推进合肥、宿州等9市作为试点城市。

（三）北京市市政设施千亿市场向社会资本开放

早在2013年7月31日，北京市公布《关于引进社会资本推动市政基础设施领域建设试点项目实施方案》(以下简称方案)，拟引进1300亿元的社会投资。

(1)明确投资市政的具体路径。作为国际性大城市，北京对市政基础设施需求巨大，如所有交通枢纽全部靠政府投资运营，财力难以为继。近年来，北京相关部门曾陆续制定了多项引入社会资本的政策，但可操作性相对缺乏。

方案明确提出了具体的、可操作路径，是北京市相关领域历次改革中力度最大的一次。方案指出，对于燃气、电力和非基本公共服务等经营性领域的增量项目，北京将依法放开建设和经营市场，积极推进投资运营主体招商，政府不再进行直接投入；对于轨道交通、收费公路、热力、污水处理和垃圾焚烧等基础设施项目，则采取PPP和股权合作等方式，通过投资、补贴和价格的协同，为投资者获得合理投资回报创造条件；而在基本公共服务、普通公路及城市道路、交通枢纽等领域，方案表示将采取捆绑式项目法人招标等方式由社会投资人组织实施，也可由政府回购或购买服务。对存量资产，方案则提出通过委托运营、股权转让等方式加大引入社会资本进行专业化运营的力度，扩大产业化运营规模。

(2)构建投资回报的补偿机制。北京选择轨道交通、城市道路、综合交通枢纽、污水处理、固废处置和镇域供热等6个条件相对成熟的重点领域，开展市场化试点。虽然千亿元的市场是座巨大金矿，但企业更关心如何能保证参与项目时“不亏本”。方案明确提出企业投资内部收益率原则上按8%测算，北京通过多种渠道完善投资回报补偿机制。一方面通过合理的政府投入，减少企业投资；同时，通过引入市场竞争机制，推动投资运营公开透明，压低企业一部分成本。此外，北京还计划通过购买服务，补贴企业一部分收入；结合行业特性，依法依规配置企业一定的土地开发权，以及符合监管要求的广告、商铺、冠名等经营权，增加企业收入。

六、促进杭州民间投资发展的对策建议

当前，民间资本观望气氛较浓，投资机会相对较少，建议政府积极引导民间资本投入相关行业，有效弥补政府投入的不足，真正发挥民间投资的内生效应。

（一）启动考核，拓宽民间投资领域

(1)纳入发展规划。各级政府应更加重视民间投资工作，把民间投资作为促进投资增长和经济社会发展的重要工作。建议把促进民间投资纳入中长期发展规划和年度计划，并列入各级政府领导目标责任制考核。

(2)拓宽投资领域。按照“凡是法律没有禁止的，民营资本都可以进入”的原则，最大限度开放民间投资领域，加快政府性投资退出经营性、竞争性领

域步伐，打破行业垄断，规范设置民间投资准入门槛和标准，让利于民间投资，引导民间资本加大投入。

(3)优化投资方式。在拓宽投资方式方面，可以广泛采取多种方式实现投资行为，如通过 BOT，TOT 及 BT 等方式鼓励民间资本参与基础性和公益性项目，做到不限投资比例、不限投资方式、不限投资规模，促使民间资本进入更广泛的领域，实现企业发展和社会进步的“双赢”局面。

（二）适应需求，构建多层融资体系

(1)提高民间资本组织化程度。可以适度放宽民间资本组建区域性银行、投资公司、租赁公司、资产管理公司、基金等方面的市场准入管制。继续发展证券投资基金、风险投资基金、产业投资基金等公共投资基金，把大量分散的民间资本吸引聚集起来，同时积极探索建立创业投资损失代偿机制，提高民间资本对创业投资的积极性。

(2)构建民营企业信用担保体系。应尽快制定中小企业信用担保制度，设立中小企业信用担保基金，建立中小企业信用评级、贷款担保和再担保机构，建立起为民营企业服务的多种类型的信用担保体系。制定并完善鼓励民间投资的信贷政策。国有商业银行应完善机构设置，增强服务意识，增加贷款种类和贷款抵押物种类，适当提高现有资产抵押率。

(3)发展多层次信贷市场。中小企业是当前融资最困难的群体，由于其存在财务相对缺乏规范性、盈利能力不稳定等状况，较难获得银行贷款。因此，政府当前应该稳步推进金融创新，重点扶持中小企业发展，继续加大对小额贷款公司的运行与支持，同时应该尽快通过国家立法形式规范民间借贷，促进多层次信贷市场的形成和发展，为中小企业提供更为丰富的融资手段。

（三）协同发展，增加民间投资机会

(1)正确把握两者关系。国有投资是民间投资的基础和主导，交通、能源、通讯等基础设施的发展和改善，为民间投资、经济增长创造了基础性的条件。民间投资是国有投资的有益补充和延伸，民间投资方向主要在于竞争性部门，它的增长是创造国民收入，实现经济持续增长和跨越式发展的条件。尤其当民间投资低迷之时，国有投资可以弥补民间投资的不足。

(2)优化调整两者结构。现阶段，国有投资还占据一定的位置，应突出国有投资重点，切实优化结构，努力提高投资效率。加大对民生工程的投入力

度，提高消费能力。加大公共教育、工作培训等人力资本投入，提高劳动生产效率和经济增长质量。从长期看，国有投资要逐步退出，并能引导和带动民间投资的发展，同时合理协调投资内部结构，促进国有投资和民间投资的协同发展。

(3)切实改变两者地位。落实鼓励和支持民间投资的各项财政、税收优惠政策，消除对民间投资的歧视，保障不同市场主体的平等竞争。发挥政策性资金对民间投资的引导作用，通过财政补助、减免税收、贴息贷款、参股等政策支持民间项目投资，同时，给予民间资本合理的回报率，以调动民间资本参与政府项目建设的积极性，达到政府投资有效带动民间投资的良好态势。

（四）加强引导，扩大民间投资需求

(1)产业方向引导。让民间资本明确发展方向，符合国家产业政策，与经济结构调整紧密结合起来，把民间投资引导到实业投资的方向上来，引导到国家产业政策鼓励和支持的领域上来，引导到促进产业升级的技术改造和自主创新上来，引导到政府主导的基础设施项目和杭州城乡统筹建设上来。

(2)投资信息引导。定期发布市场信息，解决民间资本信息不对称的问题，引导民间资本进入成长性好、前景好的产业领域，引导民间资本与技术进步紧密结合。比如在IT产业、环保产业、社会服务产业等领域可以通过竞争，发挥民营企业机制灵活、风险承受力强的优势，创造新的经济增长点。

(3)产业项目引导。精心策划和包装一批政府项目和示范产业项目，定期组织项目推介活动，吸引民间资本积极参与。正确引导民间资本投资是一项艰巨的任务，是对地方政府管理经济能力的严峻挑战。各级政府应在充分掌握信息的基础上来正确引导民间资本的投资，促使经济健康有序地发展。

杭州扩大工业投资的难点与思路对策

从国际环境看，发达经济体缓慢复苏，新兴经济体增长乏力。从国内环境看，国内经济处于增长速度换挡期、结构调整阵痛期和刺激政策消化期“三期叠加”的特殊阶段。扩大有效投资是稳增长、调结构、促转型的主要引擎，工业是杭州实体经济的主体，是城市经济社会发展的主动力，是“建设美丽杭州，创造美好生活”的关键和支撑，工业有效投资可谓是重中之重。近年来，杭州市贯彻浙江省委省政府重大决策，率先将扩大工业有效投资作为经济发展的重要抓手，力争全市工业投资保持高位增长态势。然而，2014 年 9 月 4 日《21 世纪经济报道》刊发《杭州工业投资增长乏力 15 个省级城市中排名倒数》一文，指出了杭州工业投资不足的现象。本文在梳理杭州工业投资的现状趋势基础上，分析扩大工业投资中的难点问题和制约因素，并提出相应的对策建议。

一、杭州工业投资效果及比较

（一）杭州工业投资及投资效果分析

固定资产投资具有调节供给和需求的双重功能，对整个城市社会经济的发展起着至关重要的作用。固定资产投资和经济增长基本上表现出同步性，如表 1 所示，2004—2013 年 10 年间，杭州经济快速发展，GDP 年均增长幅度为 11.56%，全市固定资产投资也呈逐年上升态势，平均年增长幅度达到 16.44%，固定资产投资对杭州经济的拉动作用非常显著。

固定资产投资效果系数是指特定时期国内生产总值增加额与固定资产投资额之间的比值，它是从国民经济角度和投资活动全程来综合反映投资收益的指标，能较全面反映投资活动的最终效益，也反映国内生产总值增加额与投资的比例关系和基本趋势。

固定资产投资效果系数（Et）＝国内生产总值增加额（△Yt）/全社会固定

资产投资额(It)。

式中Et为第t年固定资产投资效果系数，It为第t年固定资产投资额，△Yt为第t年国内生产总值增加额。固定资产投资效果系数越小，则投资的效果越差；反之，固定资产投资效果系数值越大时，则投资的效果越好。

由于投资波动会直接引发和决定经济增长的波动，固定资产投资效果系数的年度差异及波动性也很明显。如杭州投资效果系数最高是2007年，为0.39，表明该年每投入1亿元固定资产可以产生的GDP是0.39亿元。投资效果系数最低的是2009年和2013年，只有0.13，表明每增加1亿元GDP需要投入7.69亿元固定资产。杭州固定资产投资效果系数波动较大，且总体处于下降态势，尤其近3年较为明显，2009年、2013年均处于最低点。见表1。

表1 杭州固定资产投资及投资效率(2004—2013年)

年份	地区生产总值(亿元)	增长速度(%)	固定资产投资总额(亿元)	增长速度(%)	固定资产投资效果系数
2004	2543.18	15.0	1205.18	19.7	0.37
2005	2943.84	13.0	1277.80	15.3	0.31
2006	3443.50	14.3	1460.54	10.1	0.34
2007	4104.01	14.6	1684.13	15.3	0.39
2008	4788.97	11.0	1961.72	16.5	0.35
2009	5087.55	10.0	2291.65	15.7	0.13
2010	5949.17	12.0	2753.13	20.1	0.31
2011	7011.80	10.1	3105.16	17.1	0.34
2012	7802.01	9.0	3722.75	20.1	0.21
2013	8343.52	8.0	4263.87	14.5	0.13
平均	—	11.56	—	16.44	0.288

数据来源:《杭州市统计年鉴》(2005—2014各年版)、杭州市统计公报(2005—2014各年版),按可比价计算

本文运用SPSS软件对杭州的GDP与固定资产投资总额进行相关性分析，结果表明：两者高度相关，相关系数达到0.989。见表2。

表2 GDP与固定资产投资总额的相关性分析

		GDP	固定资产投资总额
地区生产总值	Pearson Correlation	1	.989**
	Sig. (2-tailed)		.000
	N	10	10

续　表

		GDP	固定资产投资总额
固定资产投资总额	Pearson Correlation	.989**	1
	Sig. (2-tailed)	.000	
	N	10	10

**. Correlation is significant at the 0.01 level (2-tailed)

作为一座旅游城市，杭州是否要发展工业？这样的争论一直没有停止过。虽然从2003年开始实施“工业兴市”战略，工业投资规模迅速壮大，到2013年，杭州工业投资910.46亿元，是2004年的2.12倍，年均增长11.13%，但从工业投资增速看，波动特别明显，2005年，增速到达历史性低点1.9%；2012年，工业投资增长出现明显回升后再次下滑。总体而言，杭州工业投资的增长远低于固定资产投资总额年均16.44%的增幅，工业投资占固定资产投资的比重逐年下降。图1表明，2004年，杭州工业投资占固定资产投资的比重为35.61%，而到了2013年，已经降为21.35%。

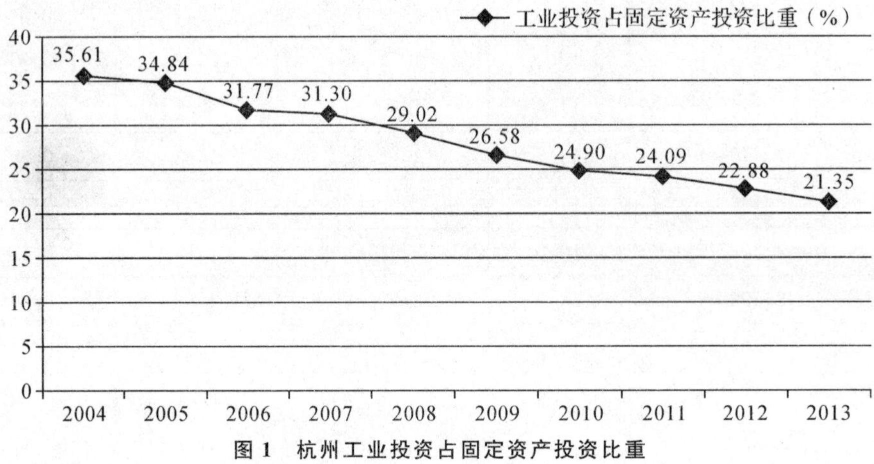

图1　杭州工业投资占固定资产投资比重

图2显示，工业投资占固定资产投资的增长速度也逐年下降。

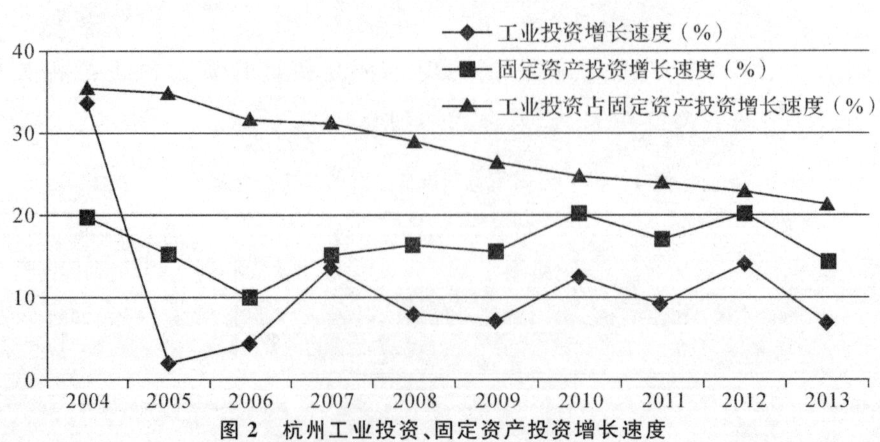

图2　杭州工业投资、固定资产投资增长速度

本文运用 SPSS 软件对杭州的工业投资额与工业增加值进行相关性分析，结果表明：两者高度相关，相关系数达到 0.984。见表 3。

表 3　工业投资额与工业增加值的相关性分析

		工业投资额	工业增加值
工业投资额	Pearson Correlation	1	.984**
	Sig. (2-tailed)		.000
	N	10	10
工业增加值	Pearson Correlation	.984**	1
	Sig. (2-tailed)	.000	
	N	10	10

**. Correlation is significant at the 0.01 level (2-tailed)

（二）工业投资效率变动对工业经济的影响

工业投资是工业经济发展的重要途径和基本手段。一般而言，在投资规模、结构一定的条件下，要提高工业增加值就必须提高投资效率。同时，工业投资效率也可以从一个侧面反映工业投资结构是否合理。通常反映投资效率的度量方法主要有三种，即资本产出比、边际资本产出比率和资本收益率。边际资本产出比率是资本边际生产率的倒数，通常采用投资效果系数进行观察。投资效果系数反映单位固定资产投资额所能带来 GDP 的增量，可以较为全面地评价宏观投资效率。工业投资效果系数就是当年工业增加值的增长额除以当年工业固定资产投资，其值愈高，单位工业投资实现的增加值就愈多，投资的经济效率也就愈好。

从杭州工业投资效果系数变动情况看，2009 年以前基本处于一个较高的水平。2009 年，受国际金融危机影响，工业增加值增长缓慢，使得当年工业投资效果系数急剧下降，2011 年反弹到阶段性高点 0.64 后，近两年又明显回落。表 4 显示，工业投资效率高的年份，工业增加值增长也高，工业增加值增长与工业投资效果系数高度相关。反之，随着工业投资效率下降，相应的工业增加值增长也出现同向程度的回落。因而，工业投资效益低下，不仅会造成社会资源的浪费，而且对于全市经济的推动作用也十分有限。在加大投资力度的同时，更要注重投资效益的有效发挥，以便促进经济持续、快速健康地发展。

表 4　杭州工业投资及投资效率(2004—2013 年)

年份	工业投资额（亿元）	增长速度（%）	工业增加值（亿元）	增长速度（%）	工业投资效果系数
2004	429.15	33.7	1174.9	18.6	0.56
2005	445.19	1.9	1329.60	11.3	0.36
2006	464.03	4.5	1571.48	18.2	0.54
2007	527.11	13.6	1854.46	18.0	0.61
2008	569.34	8.0	2140.2	15.4	0.54
2009	609.17	7.2	2157.1	6.0	0.03
2010	685.56	12.4	2500.29	12.7	0.56
2011	748.13	9.1	2939.14	11.1	0.64
2012	851.87	14.0	3190.32	9.1	0.34
2013	910.46	6.9	3246.67	8.0	0.07

（三）工业投资效率的七大城市比较

表 5 数据统计表明，在七大城市中，杭州 2013 年经济总量排名第 6 位。在 2008—2013 年的 6 年期间，杭州 GDP 年均增速为 10%，位居第 7 位。2013 年，杭州的固定资产投资总额仅高于深圳，而过去 6 年固定资产投资年均增速也排名于第 4 位。但从经济发展的质而言，杭州 2013 年固定资产投资效果系数为 0.13，只有深圳的 20%左右。过去 6 年固定资产投资年均效果系数名列第 4，只有深圳的三分之一、广州的二分之一，和南京、武汉、成都三个城市的水平相差无几。

表 5　固定资产投资及投资效果的七大城市比较

城市	2013 年 GDP（亿元）	2008—2013 GDP 平均增长率(%)	2013 年固定资产投资总额(亿元)	2008—2013 固定资产投资平均增长率(%)	2013 年固定资产投资效果系数	2008—2013 固定资产投资年均效果系数
广州	15420.14	13.74	4454.55	15.88	0.42	0.43
深圳	14500.23	13.54	2501.01	10.97	0.62	0.64
苏州	13015.70	14.36	6001.90	16.88	0.17	0.31
成都	9108.89	18.46	6501.10	18.50	0.15	0.21
武汉	9051.27	17.54	6001.96	23.20	0.17	0.23
杭州	8343.52	10.00	4263.87	17.30	0.13	0.24

续　表

城市	2013年GDP（亿元）	2008—2013 GDP平均增长率（%）	2013年固定资产投资总额（亿元）	2008—2013固定资产投资平均增长率（%）	2013年固定资产投资效果系数	2008—2013固定资产投资年均效果系数
南京	8011.78	15.77	5093.78	18.32	0.16	0.22
杭州排名	6	7	6	4	7	4

城市经济的发展，工业质量是关键。从量而言，2013年杭州工业投资总额为910.46亿元，虽然超过了广州、深圳两市，但只有南京的36.3%。2008—2013年的6年间，杭州市工业投资年均增速为9.60%，仅超过深圳，只是增速最快的武汉市的30%。2013年杭州市工业增加值3246.67亿元，仅超出南京249.04亿元，只有苏州的一半。从2008—2013年6年的平均增长率来看，虽然杭州市与广州、深圳、苏州3市水平相差不多，但成都、武汉两市的平均增长速度已经是杭州市的2倍左右。从质来看，杭州市情况并不乐观，2013年工业投资效果系数仅为0.06，同期，深圳、广州分别高达1.41和0.72。过去6年，杭州市工业投资效果年均系数也只是位居第4位，主要是杭州市工业结构优化程度不高，2013年杭州市高新技术产业实现增加值比重仅为24.19%，而深圳达70%，苏州、成都接近50%。见表6。

表6　工业投资及投资效果的七大城市比较

城市	2013年工业投资额（亿元）	2008—2013工业投资平均增长率（%）	2013年工业增加值（亿元）	2008—2013年工业增加值平均增长率（%）	2013年工业投资效果系数	2008—2013年工业投资效果年均系数
广州	682.86	10.26	4754.85	10.70	0.72	0.65
深圳	377.28	1.51	5889.05	10.60	1.41	1.00
苏州	2431.30	12.42	6370.37	10.89	0.13	0.29
成都	1625.00	14.73	3493.08	23.80	0.21	0.31
武汉	2258.07	32.64	3645.32	19.13	0.20	0.36
杭州	910.46	9.60	3246.67	10.38	0.06	0.33
南京	2509.40	18.18	2997.63	13.51	0.10	0.14
杭州位次	5	6	6	7	7	4

二、杭州工业投资的预测

（一）杭州固定资产投资总额预测

根据2004—2013年的固定资产投资总额数据，用指数模型进行回归分析，公式为：

$$y=966.5e^{0.147(x-2004+1)}$$

其中，x代表年份，y代表固定资产投资总额。

依据该模型预测2020年之前各个年份的固定资产投资总额如图3。

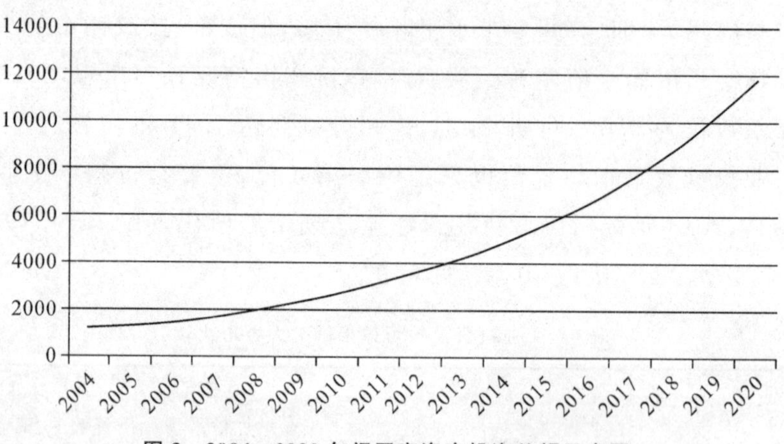

图3　2004—2020年间固定资产投资总额示意图

（二）杭州工业投资额预测

根据2004—2013年的工业投资额数据，用指数模型进行回归分析，公式为：

$$y=371.7e^{0.088(x-2004+1)}$$

其中，x代表年份，y代表工业投资额。

依据该模型预测2020年之前各个年份的工业投资额如图4。

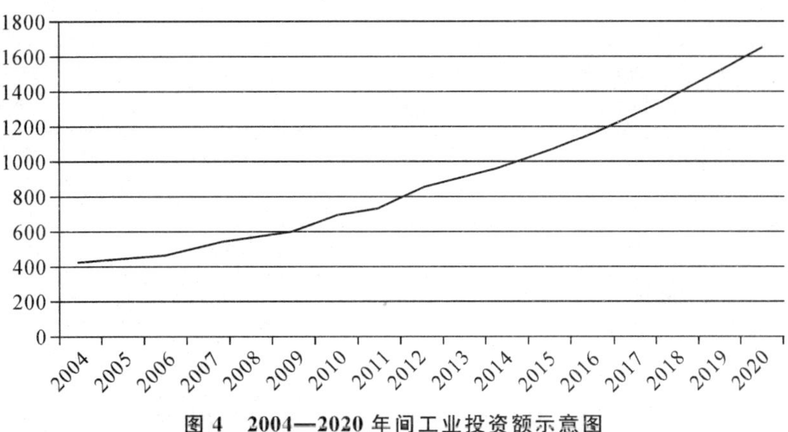

图 4　2004—2020 年间工业投资额示意图

（三）杭州工业增加值预测

根据 2004—2013 年的工业增加值数据，用指数模型进行回归分析，公式为：

$$y=1098e^{0.117(x-2004+1)}$$

其中，x 代表年份，y 代表工业增加值。

依据该模型预测 2020 年之前各个年份的工业增加值如下。

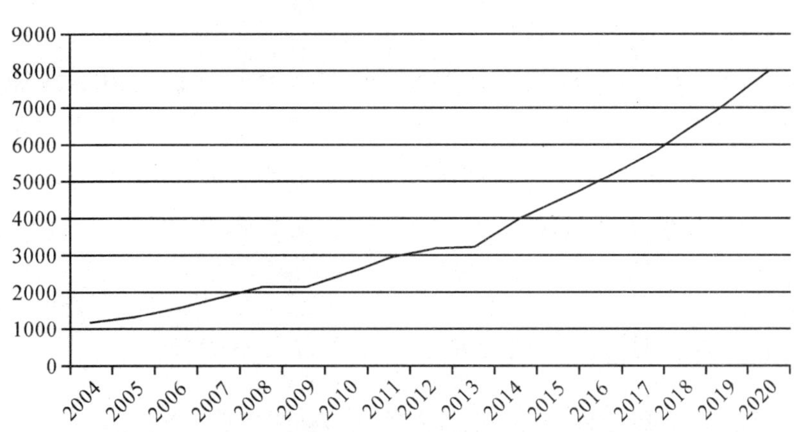

图 5　2004—2020 年间工业增加值示意图

表 7　工业投资相关数据预测(2014—2020 年)

年份	固定资产投资额（亿元）	工业投资额（亿元）	工业增加值（亿元）	工业投资效果系数
2014	4869.18	978.56	3976.85	
2015	5640.24	1068.58	4470.46	0.50
2016	6533.39	1166.88	5025.33	0.52

续 表

年份	固定资产投资额（亿元）	工业投资额（亿元）	工业增加值（亿元）	工业投资效果系数
2017	7567.98	1274.22	5649.07	0.53
2018	8766.40	1391.43	6350.23	0.55
2019	10154.59	1519.42	7138.41	0.57
2020	11762.61	1659.19	8024.43	0.58

三、杭州扩大工业投资的难点

（一）成本上升与价格下降并存，投资效益不高

人口红利消失和土地资源日趋紧张在一定程度上加快了人工、土地等生产要素成本的上升速度。企业普遍反映用工成本是目前成本上升的最主要因素。据监测，2014 年 1—6 月企业应付薪酬同比增长 15.4%。中小工业企业融资成本也在上升，企业通过信托贷款、债券融资所付出的代价已经超出全社会的资金使用成本，这致使一些制造企业开始“脱实入虚”。另一方面，在产能过剩的影响下，工业面临产品供大于求、价格下行压力不断加大的问题，如杭州市工业生产者出厂价格指数同比下降 1.8%。在企业综合成本继续上升、工业产品价格不断下降两头夹攻下，企业效益持续下滑。工业企业过去依靠低成本衍生出来的高资本回报率优势逐步丧失，生产经营难度加大。

（二）产能过剩与需求低迷并存，投资方向不明

在外部需求低迷、国内经济增速持续回落的双重影响下，传统产业如钢铁、水泥、平板玻璃等，新兴产业如多晶硅、风电设备、新材料等均存在高产能、高库存、高成本、低需求、低价格、低效益的问题。据权威部门测算，2013 年以来，所有工业行业产能利用率只有 78.6%，这意味着 21.4%的产能闲置。据调研，杭州市造纸、化工、化纤等行业产能过剩严重，行业景气度处于低潮期，企业亏损、增产不增效现象比较普遍。随着国家前期刺激消费政策逐步退出，家电、汽车类等传统消费热点近年处于低迷状态，大型贸易企业、百货商店等销售增长乏力。部分企业反映产品竞争激烈，销路不畅，价格下跌严重，应收账

款周期延长等情况，在收入分配改革、社会保障制度不健全的情况下，消费很难得到有效启动，而设备闲置、订单不足的现实，使得企业“不敢投”也“不知投哪里”。

（三）融资困难与风险规避并存，投资意愿不强

融资成本及融资方式是影响企业投资的重要因素。目前，国家金融改革政策实效不明显，大量中小民营企业融资依然困难。从信贷来看，根据中国人民银行杭州中心支行的调查问卷显示，目前制造业企业经营周转贷款需求指数下降至2004年以来的历史最低位。2014年1—9月，单位短期经营贷款减少134.3亿元，这一方面反映出企业家信心不足，投资意愿不强；另一方面，社会信用风险凸显，银行加强风险控制，使信贷通道受到阻塞，影响银行信贷投放。由于市场不景气、订单不足，以及用工难、融资难和环保减排压力等综合因素影响，企业家投资信心仍处在脆弱期，调研统计仅有三成左右企业表示有投资计划，且企业投资行为与工业发展存在结构性差异，实体投资意愿大大减弱。

（四）土地紧缺与项目落地并存，投资空间不大

2014年因国家、省不再下达奖励追加指标，杭州市可用指标较2013年减少约1.4万亩，降幅38.6%。用地指标与项目需求的矛盾日趋突出，制约了大项目的引进和落地，如萧山一些项目由于土地紧缺到外地投资。同时，受土地利用总体规划刚性约束，规划调整难度大，周期长，如长安福特汽车后期发动机及变速箱项目预留用地、东风裕隆汽车有限公司二期扩建乘用车项目均因基本农田外移指标未落实影响项目推进。土地要素支撑乏力，直接限制杭州市工业项目的投资空间。另外，杭州市没有大型港口，江河等水路运输受潮汛影响较大，这也使得一批大型装备生产企业无法在杭投资。

（五）要素制约与容量有限并存，投资后劲不足

2014年是杭州市完成“十二五”期间单位GDP能耗下降19.5%能源“双控”目标任务的最后一年，节能减排压力较大。作为风景旅游城市，杭州市“三江两岸”“三江两湖”区域内对环保的要求特别严格，限制了一些企业来杭投资和项目落地。由于能耗容量限制，影响了一些投资大但能耗高的产业新企业落地及原有企业的再投资。杭州市老城区受环境容量限制，工业企业纷

纷搬迁、“退二进三”，淳安、建德、富阳、临安等地也由于环保原因，工业投资增长受到影响。环境容量限制，客观上造成杭州市工业投资后劲不足。

四、扩大杭州工业投资的对策建议

（一）正视后土地时代，扩展工业经济发展空间

随着城市走向土地即将售罄的“绝境”，新增可建设用地极为有限，杭州必须摆脱眼前的困境，充分挖掘土地资源潜力，通过空间资源的配置优化来增强工业经济发展保障。一是扩张生存空间和延伸经济腹地，积极推动四县（市）及周边区域“同城化”进程，进一步完善区县产业协作机制；二是加大闲置土地清理和处置力度，特别是加快进行一些产业园区的闲置土地处置工作，为杭州的工业发展腾挪空间；三是由政府统筹规划出较大型的集团总部用地区块，建立优秀企业总部集约基地群；四是鼓励保有富余产业用地的社区，以资金、土地、厂房入股等多种形式参与工业项目建设，提高土地资源利用水平和效益，搭建平台让“地主”和“资本家”对接，引导“地主”参与工业经济发展。

（二）提振企业家信心，加大工业转型升级力度

政府和企业是推进经济发展的两种不同力量。企业家精神是工业发展的根本驱动力，企业家对利润机会的追逐和捕捉，将推动企业技术水平、管理能力和产品质量的提升，所以必须激发微观主体的积极性。离开微观这一基础，工业经济发展便成无源之水、无本之木。一个企业能否进行创新以实现技术领先，这与企业家的技术战略抱负及领导素质紧密相关。在强调单纯的财政资助或税收优惠之外，不应忽视企业创新文化和企业家精神的培养与激励。因此，应尽快构建企业家人才选拔和继续教育机制，培养企业经营者自主创新、主动升级的精神；设置激活企业投资意愿的激励政策，扩大产业升级补贴的激励效应；完善升级的退出机制；出台加强研发机能的配套政策，挖掘新产业的优惠政策，将政策扶持的重点放在技术、品牌和管理创新上，从而实现杭州工业转型升级的重大突破。

（三）减少碎片化政策，扩大工业政策集群效应

政出多门、重复交叉、标准不一等碎片化现象依然存在，政策难以形成强

有力的推动作用。建议发挥财政资金的“酵母”和“杠杆”作用，实现“三个转变”。一是由“直接投入”向“间接引导”转变。突出“政府引导、市场主导”理念，扶持方式由具体项目向支持企业融资等服务体系建设转变，通过财政资金引导，吸引更多金融资本和社会资本支持企业，从而发挥财政资金“四两拨千斤”的作用。二是由“无偿拨付”向“有偿使用”转变。引导金融资本和社会资本结合，给予企业有偿的资金扶持，促使企业对资金使用情况跟踪问效，并形成良性的退出机制，实现政策资金可持续使用，滚动支持更多的企业创新创业，切实提高财政资金使用效益。三是由“分散补贴”向“集中扶持”转变。整合分散政策，归并为“工业发展”一个政策体系，把有限的资金集中扶持杭州市优势主导产业和战略性新兴产业，扩大政策集群效应。

（四）推进投融资改革，探索投资风险分散机制

调研中企业反映，信息、生物、物联网等产业以新技术开发应用为主，具有前期投入大、项目周期长、技术水平高、市场风险不确定等特点，是公认的资金、技术、智力密集型产业，投融资对产业的发展至关重要。尽管风险投资日渐活跃，但资金主要进入后端，前端企业迫切希望政府建立投资风险分散机制，即由企业、政府、多家金融机构共同承担投入，共同分担投资风险。加速建立和完善以市场导向、企业为主、政策引导、社会化融资的新机制，引导金融支持“杭州经济再实体化”战略。改革投资决策体系和管理制度，建立以企业投资为主，以市场调节投资行为与以投资主体决策、风险自负为基础和政府间接调控引导的资本要素配置机制；推进和完善投资有偿使用制度，实行资金筹集多渠道化；积极利用资本市场，疏通间接融资渠道，扩大直接融资规模；推进土地批租，加大招商引资力度，吸引国内外资本流入。

（五）完善供给端管理，引导企业创造市场需求

加强对过剩行业的供给管理，针对新增、在建违规、建成违规的过剩产能项目制定更为严格的分类管理措施；依靠市场机制淘汰落后的生产能力，加快落后企业整体退出步伐，推动工业结构优化升级；鼓励有实力的大型企业集团，以资产、资源、品牌和市场为纽带促进跨地区、跨行业的兼并重组，提升工业的产业集中度；完善兼并和破产制度，制定合理的行业准入和退出政策，建立政府和市场“两只手”的优势互补机制，提高行政效率；加强行业监管，强化行业协会的指导作用，支持行业协会协助行业主管部门开展淘汰落后产能的

相关工作，如推行循环型生产方式，加快现有工业园区循环化改造，推进企业间、行业间、产业间形成循环链接的体系；积极培育新能源、新材料、生物医药、新一代电子信息等战略性新兴产业，为市场释放新供给创造条件，引导新供给创造新需求，最终通过供给结构的调整，让工业经济回到“供给自动创造需求”的理想运行轨道。

第二篇章

寻求转型升级新路径

促进杭州制造业升级的路径与政策研究

> 制造业是经济增长中最为强劲的“发动机”，世界强国和发达地区无不拥有先进的制造业。制造业作为杭州经济的中流砥柱和持续发展的依托，一直以来受到杭州市委、市政府的高度重视。近年来，市委、市政府出台了各项产业升级扶持政策，制造业升级能力得到不断提高。
>
> “十二五”是杭州摆脱国际金融危机影响，迈向新繁荣的时期，同时，也是杭州推进产业结构优化升级、实现经济发展方式转变的关键时期。
>
> 制造业升级是一项十分复杂的系统工程。本课题组于 2010 年 3 月—8 月期间，走访了杭州电子、纺织、机械、医药等行业近 70 家企业，发放了大量的调研问卷，对部分企业家进行了深入访谈，初步了解并梳理了杭州制造企业升级的意愿、能力、面临的困境与政策诉求，借鉴发达国家制造业升级的路径，提出了振兴杭州制造业升级的策略和促进杭州制造业升级的政策支持。

制造业升级的核心是技术进步。然而，由于知识和技术的规模报酬呈递增性，发达国家与后发国家的经济发展差距越来越大，知识和技术积累能力的自增强机制使后发国家落入始终追赶发达国家的“陷阱”。再加上技术进步(自主研发和技术扩散)过程受风险性、局限性等限制，许多企业仍然没有脱离以量扩张的模式，技术锁定特征非常明显，部分企业主动转型升级的意愿、能力欠强。

本文梳理、分析了杭州装备制造业、纺织业、钢结构三大行业及杭州产业集群基地在升级中的主要困境。

一、杭州装备制造业:需求挤出与转移现象

装备制造业是为国民经济各部门进行简单再生产和扩大再生产提供工具的生产制造部门,具体包括金属制品业、通用设备制造业、专用设备制造业、交通运输设备制造业、电气机械及器材制造业、仪器仪表及文化办公用机械制造业等七大类。装备制造业技术含量高、产业关联度大、带动能力强、技术资金密集,是各行业产业升级、技术进步的重要保障和国家综合实力的集中体现。作为国民经济重要的基础性、战略性产业之一,装备制造业是一个国家工业化、现代化水平和综合竞争力的重要标志,直接反映国民经济的控制力和影响力。在倡导转变经济增长方式、产业转型升级的今天,关键是加强装备制造业技术的革新,提高装备制造业的生产效率和附加值,以装备制造业引领和助推其他产业的转型升级。

2008年,杭州市2137家规模以上装备制造企业共完成工业总产值2404.14亿元,装备制造业经济总量约占杭州市工业的四分之一,在全省同行业中处于领先地位,在全国大中型城市中列第六位,仅次于上海、广州、北京、天津、长春等5个城市,在副省级城市中位居第三。装备制造业已经成为杭州工业经济重要的支柱产业,初步形成了门类较全、规模较大、产品涵盖金属制品、通用设备、专用设备、仪器仪表等七大类的产业体系。

尽管装备制造业已经成为杭州的一大支柱产业,在课题调研过程中,笔者发现仍然存在诸多问题,其中,需求挤出现象、需求转移制约研发投入等已是装备制造业不可忽视的现象。

(一)市场需求挤出效应严峻

30多年来,对外开放始终是杭州加快转变对外经济发展方式的重要推动力,是提升杭州国际化水平的战略选择。杭州以出口为导向的经济增长模式,主要是利用初级生产要素加工、装配、制造最终产品出口,这种发展模式使得装备制造业出现一个令人值得注意的新现象。

为了满足发达国家的技术标准和消费者的需求,杭州许多最终产品的生产制造企业(部门)并不采用国产的技术设备,而是直接采用从国外引进的设备和技术。同时出于提升竞争力的需要,往往还要采取动态的技术跟随和引进模式。因此,特别在外向型部门经济扩张的过程中,作为上游产业的装备制

造业，与其下游产业最终生产部门的发展状态，其生存处境可谓是“冰火两重天”：一方面，基于大量引进国外设备（技术）的支撑，下游的最终产品生产行业在国外需求的驱动下，实现了生产能力、产品质量和出口能力的快速发展；另一方面，最终出口部门的迅速扩展，并没有相应地带动国内装备制造业的扩张，而是引致了对国外装备的巨额需求，加速了国外装备部门对国内相应装备制造业部门的替代，导致国内市场需求萎缩，甚至还引发了装备制造业龙头企业纷纷被跨国公司合资并购的现象。

外向型经济发展中所出现的对装备制造业的“需求挤出”效应，本质原因是，在出口导向的初始阶段，我国的装备工业与发达国家之间在技术水平上存在着巨大的“落差”。这一落差迫使处于下游的最终出口生产部门动态引进国外的先进技术和设备，因而斩断了最终需求与上游装备制造业之间的关联。

（二）需求转移制约研发投入

下游企业为了追随发达国家的技术范式转移，或迫于升级压力等而动态地引入国外先进技术，容易挤压本国装备制造企业的市场空间，使其达不到技术创新所需要的市场容量的底线，或使其需要不断追随发达国家企业的技术标准，自主创新的空间有限。所以，下游企业需求转移以及由此所引致的市场竞争加剧，是杭州（乃至全国各地）多数装备制造业研发投入不足的本质所在，所以，装备制造企业研发投入不足是内生的。

如纺织缝制设备是在引进国外技术的基础上，通过吸收、改造而逐步发展起来的。计划体制下产业链封闭，国内纺织缝制装备企业没有外来的竞争对手，需求稳定，且国内纺织服装业基本是供给国内市场，对装备更新、升级的需求较弱，装备制造企业技术升级的压力小。而当今众多纺织服装企业居于全球价值链的生产加工环节，装备技术水平必须符合研发、营销环节的要求，国产与国外装备的技术差距迫使下游企业只能动态引进国外装备，需求的转移使得国内纺织缝制装备企业研发的市场需求支撑不足，国外装备动态引进所带来的竞争压力，进一步挤压了国内装备企业的市场空间，最终制约了其研发投入以及技术升级，从而使我国纺织缝制装备制造业与其下游行业的发展差距显著。见图1。

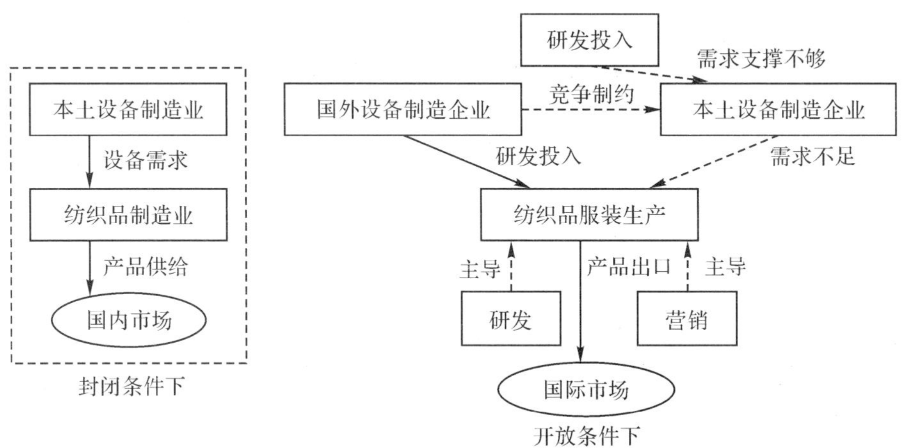

图1　需求转移对研发投入的约束机制

（三）杭州装备制造业存在的问题

杭州装备制造业还普遍存在以下一些问题：

(1)产业集中度较低。杭州缺乏拥有自主知识产权、主业突出、核心竞争力强的大公司、大集团，装备制造企业中真正能够起到支撑和带动经济结构优化升级作用的大型骨干企业不多，至今没有一家千亿元企业。

(2)产业内部联系较弱。杭州有些装备企业具有较强的单机和主机制造能力，但组织结构落后，零部件、元器件产业薄弱，重大设备成套能力不足，没有形成强大的产业链，企业只好将大量的业务外包，而大量零部件、元器件生产企业则为外地企业配套服务，出现“飞地”现象，这使得产业链的“乘数效应”难以显现。

(3)产业发展空间有待拓展。杭州装备制造业生产基地扩容压力较大，限制了一些大型设备和成品的生产，交通运输特别是水路运输不便，也限制了大型设备的生产，企业生产基地不能适应当前城市化发展速度和社会化、市场化生产方式的需要，产业发展空间亟须进一步拓展。

(4)自主创新能力有待提升。杭州装备制造企业在新技术、新产品的研发能力上仍显不足，具有自主知识产权的不多，关键技术及设备基本依赖进口，尚未真正成为技术创新的主体，难以满足产业升级的要求。

(5)企业外向度有待提高。杭州装备制造产品出口份额不大；出口产品结构不合理，高新技术产品、附加值高的产品出口量较少；产品质量控制能力不足，个别出口产品质量较差，不能顺利通关；有的出口产品由于批量小，维修服务成本高，零部件供应不及时，服务响应慢。

二、杭州纺织业升级的退出困惑

经济增长一般依赖要素总量增加和要素存量调整两种方式来实现，发展到一定阶段，要素存量调整就居于支配地位，发挥主要作用。存量调整主要是通过产业结构合理化和高级化，即产业不断由简单到复杂、由低级到高级的演化过程来完成。

加快经济增长方式的转变，必然涉及产业转型升级的战略性结构调整，转型升级其实包含企业的进入和退出两方面的内容。如果企业不能顺利退出，意味着部分生产要素将被闲置或被迫低效益使用，生产要素所有者的利益就会受到损害，社会利益关系就会倾向于对立，社会易趋向于不稳定。因此，在某种程度上，企业退出比企业成长更为重要，退出是决定资源在产业间分配的重要因素之一，适时的退出有利于资源的优化配置。

在计划经济时代，企业的退出完全是由行政指令决定的，即便是在经济体制转轨的20世纪90年代中后期，大量国有纺织企业的退出也主要依靠行政的力量。因此，在倡导产业转型升级的今天，需要面对这样的基本问题：不能顺利完成转型升级的纺织企业是否会主动退出，是什么因素决定纺织企业的退出，特别是，纺织企业究竟按什么路径退出，退出壁垒是如何影响纺织企业的行为的。

不同的经济发展阶段必然会催生理论关注重点的转移，从经济学常识来讲，进入问题必然与“短缺经济”相联系，而“过剩经济”一定与企业退出相伴随。同时，现实也要求我们必须关注市场中企业由进入向退出的转变，并对此现象做出合理的解释。因而，本文力图从整体上理解和把握纺织企业的退出问题，把退出壁垒作为影响企业行为的实际变量引入模型，探讨不同条件下纺织企业的退出选择以及应有的政策支持。

纺织业由于进入门槛较低，这几年已发展为一个充分竞争的微利行业，产能过剩现象逐步显现。再加上其具有高污染、低附加值等特性，行业转型升级已是大势所趋，企业也纷纷加快了转型升级的步伐。

本文选取了萧山区党山镇[①]调研，走访了浙江振亚控股集团、浙江建杰控

---

① 萧山是世界最大的化纤及织造生产基地，有化纤纺织企业4500多家，规模以上企业838家，总产能已达414万吨，约占我国的15%。基本形成了从PTA原料到化纤、织造、印染、服装较为完整的产业链结构，萧山被中国纺织工业协会命名为首批“中国纺织产业基地”，党山镇被中国纺织工业协会命名为“中国化纤织造名镇”。

股集团有限公司等典型纺织企业。当企业经营业绩不佳或企业所在的产业处于衰退、过度竞争状态，尤其是出资者预期的退出机会成本小于进入收益时，就会诱导企业退出。党山镇纺织业的企业家们谈及这一话题时，有三大困惑。

（一）纺织企业退出成本高

纺织设备几乎没有通用性，资产专用性强，如果改变原来生产的产品，原有的设备或变得毫无用处，或需要经过成本高昂的改造才能用于生产新产品，如纺锭、织机只能用于纺织纱布，无法转产。纺织企业的技术能力和操作工人技能的专用性也很强，靠自己的力量可以开发的其他行业的产品数量少。沉没资本比例较大使纺织企业只要价格处于停止营业点之上，就可继续生产。另外，雇用了大量工人，企业退出则劳动者解雇和改行的费用也很高昂。纺织业所具有的行业特点，造成了纺织企业退出的成本较高。

（二）纺织企业退出机制缺失

企业的退出机制是市场经济的重要组成部分，在新古典经济学有关市场结构和市场竞争的理论当中，进入和退出长期以来一直被看作是竞争性的推动。产业退出援助政策是产业政策的一个重要方面，如果不能采取有效措施帮助一部分特别困难的企业退出，让它们继续留在不适合它们发展的行业内，长期低效率地使用有限资源，不仅会影响全行业的效率，而且会使其自身的包袱越背越重，使今后的调整更加困难。

最近几年，虽然整个纺织业出现了一些困境，我国政府采取了一系列的措施，加大了纺织新材料、新技术的开发和利用，拓展了传统纺织业的生存空间。留存企业的竞争状况得到了改善，原来亏损的企业也因此而获利。

调研中企业家谈到，部分欲退出的企业举棋不定，相互观望，由于企业的退出机制缺失，政府对企业退出没有相应的援助政策。所以，在萧山区党山镇，真正退出的纺织企业寥寥无几。

（三）地方政府的政策诱导

从单纯的经济学意义来说，企业的存在和退出取决于自身的利润，但在现实中，企业的选择在某种程度上还决定于地方政府的意志和行为。地方政府的目标大体可分解为经济增长、财政收入增加和充分就业，因此，一个企业的存在，对于地方政府而言，其效用函数体现在三方面，可以用下式表示：

$$U(G_i)=U(S_i)+U(I_i)+U(L_i)$$

式中：

$U(G_i)$：企业提供的经济剩余并以此促进经济增长而创造的效用；

$U(I_i)$：企业为地方创造的财政收入而形成的效用；

$U(L_i)$：企业创造地方就业需求，保持社会稳定所带来的效用。

一般情况下，只要企业存在，$U(L_i)>0$；如果企业能起死回生，$U(S_i)>0$，$U(I_i)>0$，地方政府的效用函数 $U(G_i)=U(S_i)+U(I_i)+U(L_i)>0$。

这样，地方政府对企业的退出会加以阻碍，并用资金、土地、减免税收等政策诱导，从而动摇企业退出的决心。

三、杭州钢结构行业升级的瓶颈

早在20世纪五六十年代，我国钢结构行业就开始起步。直到90年代，由于大量的跨国公司纷纷到中国投资，钢结构建筑的需求量迅速增加，钢结构行业进入了一个高速发展期。但在保持了多年的快速增长之后，行业整体盈利能力不高、厂商水平良莠不齐、人才瓶颈等问题凸现出来。目前，国内机场、火车站、体育会展场馆等大型、超大型空间结构建筑又进入一个建设高潮期，2009年到2010年钢结构的产量复合增速将达到50%。

萧山钢结构产业从1984年东南网架正式投产开始，经过20多年的发展，在全国享有较高的知名度，已成为我国三大钢结构产业基地之一。2009年，国内市场占有率达6.8%，实现销售产值210亿元，6家企业挤进全国建筑钢结构行业前20强。在快速发展的同时，钢结构产业也面临着众多困难，主要表现在以下几方面。

（一）外部因素：市场竞争加剧

2004年开始，我国钢结构企业逐渐打破旧格局，企业跨区域、大规模扩张之风愈演愈烈。ABC，博思格，巴特勒制造集团等大型外资钢结构企业抢滩登陆，宝钢、莱钢、首钢、济钢等上游企业相继开拓这一领域，下游地产开发商也有相当一批开始跨入钢结构行业的大门，供大于求的状况已经初步显现，市场竞争进一步加剧。

(1)国内钢结构产业全面扩张。国内钢结构企业原来主要分布在上海、苏杭、天津、粤闽和北京。2004年开始，各地钢结构企业投入巨资以大规模的姿态称霸本地钢结构行业，如精工钢构在华南建设生产基地，武汉一冶钢结构中心在阳逻经济开发区建成年产6万吨华中最大钢结构制造基地。原有的格局已经解体，取而代之的是大型企业分布在全国各大区域、更加有利于中国钢结构发展的新格局，但这对于单一的钢结构企业来说是巨大的冲击。在各地钢结构企业利用运输成本大大降低的时机抢占市场份额，对当地钢结构行业实行基本垄断的情况下，跨地的高额运输成本有可能降低试图进入该地市场的外来钢结构企业的竞争力，不利于其市场拓展。如果钢结构企业不能有效拓展市场，规模优势便很难得到体现，进而很难具有价格优势，这最终会导致其原有市场的逐步萎缩，最后直至被市场所淘汰。因此，在新格局下，萧山钢结构企业对外拓展力度将受到较大的影响。

(2)跨国公司抢占市场。近几年，外资企业加快了对我国钢结构市场的抢占步伐，如BlueScope钢铁成功收购巴特勒制造集团，直接进入中国预制钢结构建筑领域，其为客户提供的产品和解决方案组合更加广泛，取得了加速发展的捷径，提高了其在中国市场的竞争力。此外，国外钢结构建筑的制造商和供应商也快速进入国内市场，如ABC和博思格等大型外资钢结构企业等都已经在中国市场占有一定份额，对中国钢结构企业构成了较大威胁。

(3)上游企业延伸产业链。钢结构行业被视为朝阳产业，一些上游企业纷纷开始涉足钢结构行业。如马钢钢构2002年建成投产，2004年建第二条钢结构产品生产线，年生产能力3万吨；冠达尔、大通、宝成等钢构品牌统一在宝钢钢构之下，借助宝钢的品牌优势，提出要把宝钢钢构建成全国综合实力第一的钢结构制造企业，其2004年生产量达到18万吨，预计2010年将达到55万吨；首钢、莱钢等钢铁企业也加大了对钢构行业的延伸。由于上游企业很容易获得原有钢构企业的劳动力和业务流程，具备钢构企业很难拥有的综合采购优势，一些大型钢铁企业凭自身雄厚的实力，通过压价以增强其市场竞争力，这给萧山钢结构企业带来较大的负面竞争压力。

(4)下游倒逼加速利润缩水。在上游企业不断延伸其产业链的同时，下游企业(地产开发商)也纷纷采取措施，倒逼整合产业链。如上海绿地集团采取了控股上游企业的方式进行“倒逼”，其从宝钢受让了宝钢建设60%的股权，获取了对宝钢建设的控股权，跨入了钢结构行业的大门。下游企业进入，充分利用其自身资源，抢占原来属于原有钢结构企业的市场份额，也导致了钢结构行业的利润趋于透明化，并造成钢结构行业利润加速缩水，迫使钢结构企业必须想方设法来降低自己的运营成本。这种从下往上的“倒逼”，打破了“单一由制造企业决定效率”的局面。单一钢结构企业如果不能在短期内提升自己的档次，迅速做强做大，夺得行业发展的先机，生存的危机就会来临。

（二）内部原因：条件限制

萧山钢结构行业整体上已经初具规模，但就个体而言，普遍规模较小，企业在设计、生产、施工等方面都存在着一些缺陷。

(1)企业管理欠科学。萧山钢结构企业大多处于简单分工管理模式中，有的以家族为主要管理单位，容易扼杀优秀员工的积极性、主动性和创造性，减少了企业内信息沟通及内外信息流动，从而也会降低企业的市场反应能力。企业管理较混乱，对市场的反应过分灵敏，压价现象常出现。

(2)行业规范相对滞后。行业规范化程度体现了一个行业的发展水平。国内钢结构行业规范从无到有，从简单到复杂，从粗到细的发展过程也见证了钢结构行业的发展。目前，钢结构行业的规范已经有很多，仅以设计为例，涉及相关的设计、材料、施工等国标、部标标准、规范等就超过了 60 种，但是钢结构行业规范的现状是大量规范标准陈旧、滞后，如连接规范中的《建筑钢结构焊接规程》是 1992 年 9 月制定实行的，高层规范中《高层钢结构设计暂行规定》是 1993 年 8 月制定实行的，就连一般规范中的《钢结构设计规范》也是在 2003 年 12 月制定实行的，因此，新内容、新标准亟待补充修订。政府对钢结构行业管理也缺乏规范性，仅是按土建施工企业的办法在实施，缺乏专业针对性，政府造价管理部门对钢结构的价格也缺少管理和指导，还没有一套完整的定额体系。

(3)资金实力不足。钢结构企业的初始投资成本不高，在发展初期和推广运用过程中发挥了很重要的作用。但由于企业自身资金实力不足，难以引入高层次的管理和技术人才，造成管理水平低、技术创新难、产品品种少、市场竞争力缺乏的现状。另外，资金短缺使得大规模的技术改造十分困难，也难以开展大规模的市场营销活动，只能依赖于少数顾客和固定的市场。同时，融资也较困难，资金实力不足的弱点明显显现。

(4)技术人员缺乏。专业技术人员缺乏和现有技术力量薄弱是限制萧山钢结构行业整体水平进一步提高的重要制约因素。据不完全统计，萧山钢结构行业的从业人数为 11892 人，但工程技术人员占 16%，其中中高级人才仅占 3%。钢结构企业一般是买入先进设备后，派出人员进行短期的设备操作培训，多数企业以技术含量较低的轻钢结构产品为主或者接受大型企业的转移订单来进行生产，有的只有设备操作人员，缺乏技术人员，尤其缺乏专业的设计人员，大多是在其他企业产品的基础上，稍加改变就形成了自己的产品体系，导致许多产品结构不合理、性能低，甚至与现行的规范相矛盾。产品设计有价值的创新少，产品开发和生产具有一定的盲目性。因此，技术人员缺乏成了萧山钢结构行业持续发展的瓶颈。

四、杭州产业集群升级的主要障碍

产业集群是杭州制造业的重要特色与优势，也是杭州经济保持领先增长的主要原因之一。自 20 世纪 80 年代中期以来，杭州产业集群异军突起，以产业集群为基础的制造业基地逐步从弱到强，集聚效应得到充分发挥，产业层次得到有效提升。产业集群已是杭州制造业最主要的载体，对制造业竞争力的提升起到了关键性作用。

2008 年，杭州全市产业集群实现工业经济总产值超过 6000 亿元，占工业总产值的 60%以上，撑起了杭州工业的半壁江山。杭州产业集群所涉及的行业十分广泛，在 30 个统计大类的制造业中，除烟草制品业外，均不同程度地存在产业集群，主要集中在电气器材、纺织、服装、交通设备、通用设备、金属制品、化学制品、化学纤维等行业。在为数众多的浙江产业集群中，有一些已发展成为全国乃至世界著名的专业生产基地，如萧山的化纤、桐庐的制笔、富阳的白板纸、余杭的家纺、建德的精细化工、临安的精密元器件等，这些耳熟能详的特色产业集群，已成为同行业内的佼佼者，形成了杭州独特的制造业竞争优势。

从 2005 年起，杭州市在重点培育特色城镇工业功能区中开展了行业技术（研发）中心建设活动。2009 年出台《杭州市新型块状经济（现代产业集群）发展规划》，着力推动杭州块状经济走创新型、集约型、节约型、环保型发展道路，形成一批总量规模大、创新能力强、品牌影响广、市场份额高、具有国际竞争力的现代产业集群，已成为杭州工业的主体，也是杭州经济高速发展的一个重要支撑和活力源泉。

但杭州产业集群在长期发展过程中累积的一些素质性、结构性矛盾，尤其是产业层次低下、创新能力不强、规划引导缺失、平台支撑不力、转型升级缓慢等问题也逐渐显现。本文通过对杭州产业集群的实地调研和深入分析，可透视出杭州产业集群发展中存在的诸多问题，归纳起来主要有以下几点：

（一）园区企业盛行圈地

先入园的一些企业盲目圈地，导致园区用地紧张，多数开发区土地指标稀缺，空间处于饱和状态，某些已是“零地招商”，扩容压力与日俱增。有的园区为了引进产业配套企业，必须外迁已入园的企业，搬迁成本高且工作量大。建议杭州以每亩的投资密度和预期经济密度作为入园企业用地依据指标，并实行弹性差别地价政策，从而减少乃至杜绝土地资源浪费的现象。

（二）形聚神散，大而不强

由于杭州部分产业集群多为中小企业在同一产业内集聚，企业数量众多，企业间竞争过度，其彼此间基本上依靠价格竞争来取胜。如果考虑到产业集群的工业企业用地有政府补贴，甚至不少小企业借用自己住房，劳动者工资与福利低廉，以及其他未统计在内的环境成本，不少传统产业是在亏本运行。短期经济指标与长期产业培育的矛盾是产业集群培育中的棘手问题。明知道引进的企业与园区产业不配套，但碍于招商指标要完成而盲目引进。招商单以投资规模为目标，不注重区域产业集群培育。产业研发空心化，既无“拳头产品”，也没能建立“产业链”。因而，杭州多数产业集群内部互动联系较弱，没有形成基于产业链的纵向和横向的专业化分工与合作。目前杭州产业集群主要集中在传统行业的制造加工环节，中间产品多、终端产品少，一般产品多、高端品牌少，高技术含量、高附加值产品比重低。新兴产业中，“高端产业、低端环节”现象较为普遍。

（三）企业实力相差悬殊

经过多年发展，集群产业组织开始演变，一些大中型企业脱颖而出，实力较强的企业充分发挥规模效益，通过纵向一体化、横向兼并与多元化发展，作用与地位明显上升，竞争力进一步加强。大企业对技术、人才、交通、市场的要求提高，乡镇、县域环境已不能适应其发展的需要，企业不断向上海等大城市转移，从而对地方经济造成冲击，未来这一趋势还会加强。

企业达到较大的规模后，企业内部交易越来越多地取代专业市场的交易，原有的业内水平竞争与分工协作模式被打破，企业通过对市场、信息、技术、原材料与人才保持一定程度的控制，形成对产业链的垄断，并通过对协作圈的支配权获取高额利润。小企业的市场空间萎缩，中小企业间的水平竞争与分工逐步被大企业的内部化交易或小企业对大中型企业的依赖所取代，中小企业的生存难度加大，并越来越取决于大企业，被纳入协作体系中的小企业容易受大企业的盘剥。专业化分工协作走向不平等，发展前景堪忧。

（四）集群同构现象严重

区域产业集群同构现象严重，杭州产业集群主要集中于纺织服装、机械、皮革等，这就限制了杭州产业集群特色优势的发挥。杭州现有的大量城镇工业功能区大多是在原有块状经济基础上发展起来的，规划相对滞后，园区建设受乡镇行政区划限制，客观造成产业定位不明。随着产业集群发展空间的进一步拓展，杭州亟须研究和落实好现有园区的整合提升，比如富阳经济开发区拟整合 6 个区块，整合后形成“一区六城”的格局。也可以将原先核心区的企业通过“退二优二”方式进行转型升级、集聚发展，在条件成熟时将省级经济开发区升级为国家级经济开发区。

（五）人才流失开始显现

在许多传统产业集群中，由于体制及投资者追求的目标、管理者的素质能力等问题，高素质的人才难留、难招，企业急需的相关人才高度缺乏，这导致企业缺乏自主创新的人才基础。企业为了降低成本，不愿使用高技能、高水平的技术工人，员工素质普遍较低，大多数人只有初中以下的文化程度，导致企业劳动力技能低下，发展没有后劲。产业集群升级需要的领军型人才奇缺，高端技术人才也不足，在人才方面杭州的政策不少，但还没有发挥出像无锡“530”计划这样的人才集聚效应，高房价、高房租加剧了杭州人才流失。

（六）被迫锁定微利方式

制度层面的“特殊”因素正向激励了产业集群中的企业以代工或贴牌方式，切入发达国家的国际大买家或跨国公司所主导与控制的全球价值链中的低端制造与组装环节。同时，对依靠自主构建品牌和自主研发能力开拓国内市场的产业集群的生存空间造成负向激励，这就迫使产业集群被“锁定”或“俘获”于出口＝低技术能力＝微利化的低端出口贸易方式，从而使得产业集群失去自主创新与自主构建品牌能力，失去依托国内市场所蕴含的巨大的需求空间，来发挥“母市场效应”规模经济的高端升级能力。

（七）集体创新动力缺失

从理论上讲，产业集群通过内部成员间以及成员与集群外部的交易，使产业内(间)分工细化与知识的溢出相得益彰，从而推动技术的扩散与创新。但杭州产业集群内企业创新行为普遍呈现出一种低端化、模仿化、同质化、个体化、偶然化的共性特征，表现出“集体创新动力缺失”困境。从产业创新动态角度来看，显现产品创新与工艺创新分离过程，呈现典型模仿→过度进入→再模仿循环特征；从创新活动动机来看，无论是技术创新、管理创新或市场创新，多聚焦于成本降低型能力和同质性生产规模扩张能力的获取，产品差异化创新能力缺失；从创新合作角度来看，追求“小而全”的单打独斗式创新活动，集群内创新分工合作网络缺乏；从创新战略角度来看，普遍采取市场前景明确或风险锁定状态下的跟随和模仿战略，主动适应市场需求的原创性或突破性创新远远不足，而且缺乏高效创新流程管理和整合能力，不能构建企业内专业研发部门而导致常规性创新能力的缺失。

（八）人格化资本的依赖

杭州(以及浙江省)产业集群发展的现实背景是，传统文化中所内含的以血缘、亲缘、地缘为内核的社会关系网络机制与关系型信任机制在特定范围内成为一种替代机制，有效降低了企业间的交易成本。相反，以法制机制为内涵的“正式规则”制度供给不足，市场交易规则、企业治理体系和金融体系的有效运转有待完善。人格化社会资本在产业集群企业网络发展初期成为其形成的推动器；关系型信任所嵌入的社会关系网络机制属于社会制度层面上的范畴，具有明显的路径依赖与路径锁定特征，不利于社会信用体系的建构，影响了金融体系的运行效率，已成为企业转型升级重要的阻碍力量之一。如果处理不好“以关系为导向的企业家个人网络”向“以能力为导向的企业家社会网络”转变的进程，就会削弱产业集群的技术创新和产业升级能力。

五、杭州制造业升级的政策效应

课题组在与企业负责人进行结构性访谈的过程中，了解到企业普遍对杭州的产业政策持肯定态度，政策对企业升级的贡献度不断提高。也有一些企业指出了当前产业政策的不足与可以改进之处，与课题组一起探讨了政策存在的问题和隐含的矛盾，如政策的“碎片化”现象（每一个机构均出台政策）、收入分配问题等，本报告梳理企业意见如下：

（一）低端制造业难以摆脱增长“黏性”

以外资带动和推进地区经济的发展，已被证明是一种成功的模式。但跨国公司在全球布局生产，出于对利润的追求和政治等原因，会只将产品生产链中附加值低的生产环节转移到我国，其结果是将我们定位在全球价值链中的低端环节。当然，由于工业化需要，通过承接国际跨国公司生产中的低端环节，有利于较快地融入国际生产分工体系，在许多方面实现跨越式发展。以低端制造业为特征的代工生产已成为经济增长的主要动力。随着生产规模的扩大，低端制造业所引起的耗能耗材耗生态环境日益严重。由于“黏性”的作用，经济增长对低端制造业已产生依赖，因其能快速增加GDP，能有效地解决就业以及扩大财政收入等效应，仍然被人们所接受甚至推崇，导致人们不断地追求这种增长方式而加大国际低端制造的引入——引入外资扩大低端制造又产生更大的GDP等效应——不断增加的GDP等效应又导致人们不断地从事外资低端制造引进。低端制造增长方式仍有一定的增长潜力，但增长的隐性成本已大大高于显性效应。因此，清醒地认识低端制造业的现状和风险，尽早改变路径，发展先进制造业，提高发展效率，是真正实现可持续发展的明智之举，摆脱低端制造业增长“黏性”是转型的关键。

（二）收入分配结构难以支撑产品升级

市场需求与企业升级之间相互存在决定机制。任何一个企业的升级活动，都包括研发投入和产品销售两个过程，研发能力和市场能力是企业升级不可分割、相互支撑的“一个硬币的两面”。企业升级得以实施，最根本、最关键、最有效的激励因素是升级成本与收益的权衡比较，只有存在足够规模的收入以及消费者对高价格的新产品有购买支付的需求时，企业研发等高级要素投入才能最终转化为升级的收益。从宏观层面来看，市场需求空间特别是一个处于高速增长的市场需求空间，是决定一切产品生产要素投入的价值和增值活动能否最终得以实现的关键因素。通过扩大市场需求容量，以“需求引致升级”才能从根本上激发、实现微观企业的升级。当前，收入分配决定机制实质上是影响社会购买力规模与结构的决定性因素。一方面，初具规模的中高收入阶层，可以为高价格产品提供有效的市场需求，从而激励微观企业的升级活动；另一方面，高度集中的收入分配结构显然会压制中低收入阶层的需求能力，从而减小升级产品的市场规模，进而降低微观企业升级活动的盈利能力，抑制经济增长。

（三）“碎片化”现象难以突显政策效应

为引导和促进企业的转型升级，杭州市委、市政府高度重视，近年来，出台了系列扶持政策，有力推动了转型升级的进程。但在课题调研中，企业普遍反映杭州扶持政策“碎片化”现象严重。每一项产业扶持政策的提出，都应从政策制定的主体、政策实施的主体、政策的受益者以及相关利益者等四个角度系统考虑，才能更好地实现产业政策的目标。现今杭州产业政策“碎片化”现象主要表现在每个部门（机构）都热衷出台各自的政策，现行条块分割的体制特征导致不同部门的政策缺乏协同性，政策相互冲突、相互掣肘的现象经常发生，扶持政策纵横交叉。政府很少对政策实施的效果进行评估，使得部分政策流化为主管部门系统利益和权力的依托，从而导致杭州产业政策合力欠缺，攻坚力不强，减小产业政策的多重效应。

（四）“产学研”分离难以惠及企业升级

高校、科研机构和企业之间的良性互动能促进彼此长期联合，高校、科研机构的内部激励机制和企业自身的研发吸收能力、双方的目标一致是互动的基础。杭州约80%的研发人员集中在高校和科研机构，在现有体制下，科技成果的评价标准还是重技术价值轻市场价值，这与中小企业的目标发生冲突，企业在自身缺乏技术力量的情况下，对合作项目是否能够真正形成自己的核心技术产生疑虑。因此，要促进“产学研”联合互动，需要紧紧围绕产业和企业的紧迫需求，在鼓励高校、科研机构研发人员走进企业的同时，也可以把行业界的著名专家、研究人员、高级管理人员等多渠道地引进到高校、科研机构中，通过高校、科研机构与企业间的目标、文化、习惯的磨合，逐渐形成高校、科研机构内部有效的激励机制。要增强企业“产学研”联合的动力，主要需依托项目，另外要着重提升企业与高校、科研机构联合的研发吸收能力。为此，对有实力的大型企业，要鼓励其多渠道提高科研吸收及创新能力；中小企业可以通过价值链模式加强与大型企业的技术联系，或通过相关中小企业间的集群模式来增强与高校、科研机构研发合作的集体基础和实力。

发达国家制造业升级的路径研究

目前，杭州制造业的发展阶段、模式和国内外社会经济环境，与20世纪70年代的日本、90年代的韩国等有相似之处。“他山之石，可以攻玉。”了解日本、韩国和德国产业升级的主要路径可以为杭州制造业的升级提供借鉴。

一、日本：政策引导是制造业升级的关键

20世纪70年代，面对日益剧烈的国际贸易摩擦和资源、环境的双重约束，以及石油危机导致的成本压力，“两头在外”、高能耗、低附加值的日本产业结构被迫走上了调整升级之路。针对传统行业产业能耗大、产能过剩、产品附加值低的局面，日本政府及时推出一系列强制性的政策措施，引导了制造业的成功升级，一举巩固了全球第二大经济体地位，日本制造业至今仍保持着强大的竞争力。其政策引导主要体现在以下几方面。

（一）处理过剩设备

针对原材料等产能过剩行业的萧条，日本先后制定《稳定特定萧条产业临时措施法》和《改善特定产业结构临时措施法》，加速重化学工业（如平电炉、炼铝、纺织、造船、化肥行业等）设备的废弃、转让处理。从1978年开始到1983年，炼铝业生产能力从164万吨/年，下降至74.1万吨/年；钢铁业生产能力由2079万吨/年，下降至1807万吨/年。

（二）加速合并重组

传统制造业的快速扩张引致了一系列的社会经济问题，如产品部门发展不平衡、资源短缺、投资过热、产销差距扩大等，这些问题在石油危机的冲击下都暴露无遗，加上日本政府经济发展战略的转变，传统产业纷纷实行“减量经营”。在对传统重化工业实施严厉的指导性政策，加速传统制造业技术和产品

升级的同时，日本政府为新兴制造业创造了良好的政治经济政策环境，有效引导制造业重心的转移。

（三）加快产业转移

日本将结构性萧条产业向发展中国家转移，“雁型模式”在东南亚地区逐步推展开来，由商品出口转为资本输出，有效缓解了传统制造业的国内生产困境，并且避免了日元升值带来的产品国际竞争力的下降。

（四）振兴尖端技术

日本政府在《产业结构长期展望》中确定知识技术密集型的加工装配工业和尖端技术领域为产业结构的发展重心。《特定机械产业振兴临时措施法》规定加强对集成电路、电子计算机、飞机等产业的政策扶持，对尖端技术领域的开发提供政策补贴，对高科技产业实施税收和金融方面的优惠措施。

（五）创新引进技术

政府鼓励加快技术引进和改造创新。20 世纪 60 年代中后期，日本已经开始注重引进知识密集型工业的先进技术，如通信设备、航天、汽车制造、电子机械等。进入 70 年代之后，宇宙开发、电子计算机、半导体、生物工程等尖端技术引进和改造直接奠定了日本在全球的技术领先地位。日本注重引进技术专利、技术情报及基础性科研成果，然后对引进的新技术进行分解、研制，扬长避短，创造出具有日本特点的新技术和新产品。

在经历了 70 年代经济转型之后，产业活力的恢复使得日本重新步入经济的快速发展时期，实现了 80 年代日本经济的繁荣。日本制造业的竞争力在很大程度上得益于政府政策的成功实施，鼓励“跟从增长模式”，即把西方技术引入、消化，同时逐步放松产业管制。激烈的国内竞争使得企业被迫逐步放弃基于廉价劳动、原材料的表层能力竞争，走上依靠技术进步的深层次能力竞争之路。当然，90 年代以后，日本没有认识到“跟从增长模式”的局限性，被赶超式增长所迷惑，缺乏向“独创增长模式”转型的政策支持，也导致了经济的停滞不前。

二、韩国：生产性服务业是制造业升级的催化剂

韩国资源匮乏，制造业起步远落后于中国，但被西方学者称为“第三种工业文明”的韩国，已从一个典型的廉价产品制造商转变为一个高级产品创造者，韩国造船、钢铁、汽车、半导体及数码产品等制造业已具备较强的国际竞争实力，国际产业链中的地位不断提升。2006年韩国品牌价值位居世界第十位，三星、现代和LG三家韩国企业进入世界品牌百强。

韩国生产性服务业对促进制造业结构升级发挥了重要作用。购买研发来源和进行自主开发的研发服务活动，提高了制造业的技术创新能力；设计产业投资的不断加大，使得韩国不少产品成为世界著名品牌；金融业的倾斜式支持为产业技术创新提供了稳定的资金来源；电子商务与电子贸易提高了制造业的竞争力。

（一）鼓励研发机构的专业化投资

韩国于20世纪六七十年代制定《韩国科学技术研究所扶持法》《技术开发促进法》《特定研究机构扶持法》等法律，政府出资设立研究所，旨在进行国家重点科研项目的开发与实施，同时形成一整套促进企业研发投资的政策措施，为鼓励民营企业附设技术研究所提供了制度保障。如私营企业研究机构承担国家研究开发项目，政府会给予研究开发经费50%的补贴；对于个人或小企业从事新技术商业化的，韩国政府提供总经费80%至90%的资助等。在政策的推动下，民营企业附设研发机构和增加技术开发投资步伐加快，企业逐步取代政府成为技术创新的主力。

（二）促进人力资本转化为产业技术

通过对人力资本的培育和知识的消化吸收，达到提高产业创新能力的目的，是韩国通过研发服务促进制造业结构升级的一个重要经验。为了促进人力资源的开发，1973年，韩国制定了《国家技术资格法》和《技术劳务育成法》，1974年又制定了《职业培训特别法》。

（三）注重制造业领先设计能力的培育

从1993年起，韩国政府连续提出3个促进设计的五年计划，目标是成为全

球设计领袖。2007年在釜山、大邱和光州建成新的地区性设计中心，在大城市的高等学府建设12个设计创新中心。同时建立相应的设计振兴组织，如韩国产业设计振兴院成为推动21世纪韩国设计产业的主力。韩国的大企业，都很注重产品在设计方面不断加大投资。

（四）集中金融资源支持主导产业优先发展

20世纪60年代到80年代末，韩国基本上采取了一种在政府主导下，通过将有限的金融资源以低价利率和政策金融的方式，支持结构升级主导产业优先发展的模式。

（五）重视发挥政府的主导和引导作用

在生产性服务业促进制造业结构升级过程中，韩国政府发挥的作用不仅体现在制定完善政策法律制度、建立相应组织机构，直接进行财税、信贷补贴支持等方面，更为重要的是体现在企业不同发展阶段，政府给予更具创造性的支持。

另外，韩国制造业在升级过程中，强调规模化生产，注重海外市场，控制进口以保护国内市场。

三、德国：制造业竞争力的几种诠释

当国内制造业为产能过剩、出口受阻所困扰，并在大打价格战之际，世界上制造业成本和价格最高的德国，订单却应接不暇。原以为未来属于高科技和服务行业，像德国这样依靠传统制造业、高工资的国家一定会陷入困境，但德国经济的持续高速增长，却颠覆了传统的观念。这种现象值得我国制造业深思。

“德国制造”是高品质的代名词，德国制造业一直以技术精湛著称，其制造技术在世界上享有盛誉。根据世界银行《2008世界发展指数》数据，2006年德国制造业增加值占其GDP的比重为23%，远高于其他6个工业发达国家。德国工业侧重重工业，机械制造、电子、汽车和化工是其支柱产业，占全部工业产值的40%以上，尤其是德国的机械制造业在世界上具有很强的竞争力，约占有世界近五分之一的份额。

（一）“德国制造”的竞争优势

德国制造的竞争优势不在于价格，而在于质量、解决问题的专有技术及服务等因素。德国制造业注重质量而不是数量，重视特殊的、专业化强的产品，而不鼓励大规模制造；德国支持中小企业发展，制造业除了少数大企业外，占据优势数量的是中小企业，它们灵活、反应快、专业化程度高，更容易在市场中找到自己的优势所在；德国制造业不断从其在全球特种机械、服务、系统解决方案中的技术领先地位中获益，促使企业利用其优势参与国际竞争。

（二）“德国制造”的竞争策略

德国制造的定位是世界工厂专用设备的制造者，中国及其他一些新兴国家是世界工厂，世界工厂需要各种德国高科技机械设备。“德国制造”的竞争策略，实际上避开了和发展中国家的竞争并且与其形成了互补关系，例如，中国购买了大量的德国机械产品，用于汽车、化工、地铁、家具、陶瓷等制造行业；德国的高档产品还弥补了发展中国家以中低档产品为主的市场缺位，新兴的中产阶级还购买了大量别具一格、价格不菲的德国产品，如汽车，特别是宝马和奔驰更为富裕阶级所青睐；德国特殊的机械设备和产品带来了对其服务的特殊需求，因此又推动德国服务业的发展。

（三）“德国制造”的政策引导

面对20世纪90年代初制造业的衰退，1995年，德国出台了《制造技术2000年框架方案》，旨在增加就业机会，确保德国的研究水平，利用信息和通信技术促进制造业的现代化，倡导“清洁制造”，消除对环境的负面影响，提高制造业对市场的快速适应能力。1999年，德国政府先后出台《2000年度德国综合技术创新能力报告》与《德国21世纪信息社会行动计划》，以美国和日本为双重样板，实行“消肿生产”、利润导向、结构改革和全球化经营，深化德国经济和德国制造业的高科技内涵，以此迎接全球性的竞争与挑战。

（四）“德国制造”的职业素养

德国拥有世界上最大的工程师群体。德国有完善的职业培训制度，每个高中生不是只有上大学之路，很多对技术感兴趣的学生都可以上职业培训学院，在培训中心，学生不仅要学习理论，还要参加实际的生产。德国十分重视理论知识同实际应用的结合，政府规定工程技术专业学生在大学拿到博士学位后，在企业工作 7 年即可申请大学教授。

四、日本纺织业退出的援助政策

“二战”前后，棉纺织业是日本重要的传统产业、经济发展的支柱产业和主要的出口产业。20 世纪 60 年代开始，日本国内出现了劳动力不足、工资提高、日元多次升值等现象，从而导致了日本纤维制品竞争力的衰退，以低档品为主的进口急剧增加。国际环境发生了一些变化，国际棉纺织品贸易制度限制了日本棉制品的出口，此时的棉纺织业对经济增长的推动作用已大大减弱。产业结构逐步高度化迫使日本传统纺织业退出。

（一）政府和产业主管部门实施的设备调整政策

对棉纺织设备进行调整，日本政府和产业主管部门的做法，一是实行萧条和设备调整卡特尔。主要是通过共同指导行为对棉纺织大公司进行自我约束，共同降低开工率，共同淘汰一定比例的设备。二是实行收购报废制，由政府出资收购并废弃细纱机和织布机等纺织“过剩设备”，每台织机补助 2 万日元，其余费用由产业界自身负担。1964 年推行纤维新法时，采用了废弃两台旧设备方允许添置一台新设备的“废旧更新”原则，同时允许开发银行发放贷款和实行特别折旧；20 世纪 70 年代末以后，大公司一般自行压缩生产能力却不享受政府特殊的资助。三是实行设备注册制，自 50 年代开始在纺纱业和织布业中要求注册现有设备，限制未经注册设备的使用，实际上采取了行业准入的限制，以达到限制生产品种和新增生产能力的目的。

（二）产业退出过程的调整援助政策

日本许多企业之所以能够顺利实现退出过程，与政府实施的调整援助政策密切相关。政策的重点不是促进转产，而通过援助谋求企业再生。日本先后颁布了《特定萧条行业离职者临时措施法》《特定萧条地区离职者措施法》《特定萧条地区中小企业对策临时措施法》等三项法律。整个援助政策实际是劳动力调整的援助。在整个调整援助政策中，改善结构事业对于设备现代化、扶植高效率的企业集团起到了积极作用。《中小企业现代化资金扶助法》《中小企业转产法》主要是为促进转产和停产实行免息或低息的贷款制度，纤维产业较多地运用了这些贷款。在这期间，政府主要扶植对象是产品研究开发中心和公共设施，同时，对促进知识密集化、产地内不同行业间协作、组建加强型垂直联系的集团等做法给予奖励。

（三）日本产业界的调整对策

日本产业界采取的生存策略可以概括为“两极化策略”。一是海外拓展——逐渐缩小国内生产规模，将初级产品转移到劳动力丰富廉价的地区或国家，发挥一条龙生产优势，带动部分上、中、下游产业前往海外投资设厂；二是国内发展——在逐年废弃陈旧设备的同时，加强新素材商品、高附加价值商品的开发、研制、生产，促进产业升级，扩大与其他新兴纺织工业国家或地区之间的产品差别化程度，并将产品严格分成三大类：必须在国内生产的、可移往海外生产的和伴随技术转移而将阶段性地移往海外生产的，据此分类实施结构调整。从 80 年代中后期开始，日本纺织工业的产业政策由以财政补助、政府直接干预为主转向以战略导向为主。1983 年召开了“新时代纺织工业展望”答辩会，提出了“面向发达国家型产业”，鼓励“多品种、小批量、短周期”的生产体制，推进技术开发与引进，实现产业结构的调整。1988 年提出了“向生活文化型产业发展”，倡导建立联动生产系统与灵活运用产地扶持政策，适应时装化、信息化的要求。1993 年提出了“开拓市场及扩大领域”的导向性策略，引导建立“掌握、开发、生产市场需求的市场理论”与快速反应机制，促进网络型组织的开发，形成具有创造性的产业结构。法律的保障、政策的扶持、组织的保证，使得整个产业调整和退出过程能有条不紊地推进。

（四）日本产业调整与援助政策的启示

实施产业政策对传统产业进行调整和援助，是一项十分复杂的系统工程。为实现传统产业的顺利退出和产业升级，日本从经济上、法律上、行政上做了精心而具体的部署。

(1)日本棉纺织业在劳动力不足、成本高，以及被各新兴工业邻国赶超，纺织业逐步处于劣势的情况下，虽然采取了进口监视体制与行政指导，但最终没有采取严厉的进口限制。日本开放的市场体制，保持了纺织产业的国内外的竞争压力，形成了促使企业不断进取、积极进行调整的主动机制，在初级产品失去优势之后，不断形成新的优势产业，使之在亚洲甚至全球具有领先和垄断地位。开放的体制使得日本消费者的净福利增加。

(2)日本的调整援助政策在传统产业退出中发挥的作用很大。在调整中首先考虑的是人员的安置与流动,与收购报废设备相比,日本提供的财政援助更多一些,效果也更为显著。事实证明,实行劳动力调整援助政策极其重要。

(3)在市场竞争的环境下,特别是存在过度竞争的衰退行业,任何企业都不会有自发报废"过剩设备"的可能性,因为谁先退出谁就吃亏,只有对退出企业给予设备报废补偿费才能使整个行业处于经济平衡状态。

(4)日本调整援助政策的重点之一是鼓励新的优势产业的发展,并实施差别政策,比如,产业政策以纤维产业中游、下游的中小企业为主要对象,对某些传统工业区和特定产业给予了不同的援助政策。日本注重内外供求条件的变化,实现设备现代化及技术革新,更新产品,加强垂直联系、企业合并及业务协作,开展对外投资及其他国际分工,采取转产及停业等长期对策。

当然,就政府以市场为主还是以计划为主参与产业调整和退出,日本学者与政府存在分歧。以政府主导的产业政策总要伴随着财政负担等各种代价和副作用,取代市场的政府计划一旦失败,造成的损失也会超过市场失败带来的影响。同时,也不能认为只要出现市场的失败就必须进行政府性干预,政府失效的情况与市场失败同样具有普遍性。

促进杭州制造业升级的振兴策略与政策支持

随着国内外和杭州经济社会形势的变化，新兴技术和新兴产业的发展日新月异，对制造业转型升级的要求越来越迫切。众多成功的产业转型升级经验证明，明确的政府政策指向和良好的市场传导机制两者缺一不可。促进杭州制造业升级的政策体系也有必要进一步调整与完善，具体建议如下。

一、振兴杭州装备制造业的策略

杭州装备制造业正面临升级的关键时刻，未来装备制造业调整应围绕能源结构调整，为绿色制造和清洁生产提供装备；围绕保障民生所需要的方向，提供数字化、自动化、智能化的装备，提供大容量、高参数、高等级的装备，高精度、高效率、拟人化的装备等。同时，杭州应充分发挥市场机制配置资源的基础性作用，加强政府的宏观引导和调整作用，运用符合国际惯例的各种有效手段，实现装备制造业的振兴。

（一）提供装备制造业的技术支持

在国内外设备存在技术差距的客观现实面前，下游企业为了追随全球价值链驱动者的各项标准并提高自身的竞争力，被迫动态引进国外设备（技术），结果引致市场需求尤其是高端设备的需求转移和竞争加剧，挤压了国内装备制造企业的市场空间，抑制了其自主创新和升级的潜力，使国内装备制造业被锁定在了全球价值链的低端。基于为杭州（乃至国内）装备制造部门提供产业升级的长期、稳定、足够的市场份额支撑的角度，为了顺利实现“研发投入—技术创新—市场份额上升—研发投入增加”的正向循环，从促进技术追赶与市场份额追赶良性互动的角度来看，需要借助于政府的外力支撑，来打破低技术水平与低市场份额之间的恶性循环。为此，需要政府推进有效的产学研合作模式，通过企业与院校、科研机构的 R&D 合作，从源头上为装备制造企业的技术突破提供支持。同时,需要加大先进生产者服务投入,通过专业服务提高装备制造企业研发成功的预期,以减缓市场需求的制约。

(二)延伸装备制造业的软性实力

所谓“软性”,就是增加产品附加价值与具有魅力的服务和解决方案,以及产生产品的构想和机制。“软性实力”实际上是延伸装备业单一的制造能力,将生产性服务业从制造业中分离出来。2001 年,“西子奥的斯”将售后维修服务环节分离出来,成立杭州服务中心。到 2009 年,杭州服务中心成了“西子奥的斯”最大的分公司,平均每个工作日可完成 500 台电梯规定项目的例行保养。“西子奥的斯”不仅是国内最大的电扶梯制造商之一,更是最大的电梯服务商之一。传统装备制造业巨大的增长空间来自于生产性服务的拓展。在杭州装备制造业中,像杭汽轮、“西子奥的斯”这样打造“软性制造能力”的做法已经开始盛行,也已成为杭州装备制造企业转型升级的有力抓手。

(三)搭建装备制造业的升级平台

装备制造业是技术资金密集型产业,是应由政府来搭建升级的大平台。政府利用可以调控的政策,对采用国产设备的用户给予投资和政策上的优惠,诱导下游企业优先采购国内装备制造企业的合格产品,减少其对国外设备的技术依赖,缓解国外设备对国内装备制造企业的市场挤压。如以国家重点工程为依托,鼓励使用国产首台(套)装备,提高重点关键装备的国产化比例,对使用首台(套)国产设备的用户,通过一定形式的风险保障机制来提高其积极性,并建立使用国产首台(套)装备的风险补偿机制,以金融、税收等多种手段鼓励创新和使用。唯有通过制度设计,采取专门而有效的措施进行实时的指导和扶持,将国家重点工程作为一个加速器,推动装备制造业的升级,装备制造业才能有好的发展环境和发展前途。

(四)鼓励装备制造业的互动融合

装备制造业大而不强的问题一直得不到解决,迄今为止,真正体现行业竞争力的高精尖加工工艺基本都被跨国公司掌控,目前我国装备制造业技术力量仍然比较薄弱。解决这一问题的根本措施在于如国家科技中长期发展纲要所提出的,关键是要增强我国装备制造业的自主创新能力,使装备制造业的技术标准领先于国际标准。在战术上，各级地方政府要鼓励本地区最终产品出口密集的产业，通过区位集中方式形成上下游产业之间的密切技术经济关联和产业集聚状态，促进本土设备企业和设备使用企业之间的各种交流，同时推动本土设备企业与跨国公司进一步互动和融合，通过技术联盟与市场合作的方式，提升其在价值链中的地位。

（五）转变装备制造业的发展战略

将装备制造业的发展战略定位于“高端技术、高端产品、高端客户、高端市场”四个高端。围绕高端，逐步实现由“投资型”增长模式向“效益型”增长模式转变；由以“内销型”市场格局向以“全球化”市场格局转变；由以“加工制造增值”为导向向以“技术服务增值”为导向转变；从“传统组织结构”向“优化的组织结构”转变。重点实施战略体系布局、研发体系布局、国际化营销体系布局、核心制造体系布局、客户服务体系布局。构筑大型化、重型化、集成化、成套化、低碳化的产业发展的格局。在研发、制造、市场和产品体系方面适时转型，打破装备制造业普遍存在的工程、产品、工艺互相分离的格局，构建全新的技术创新体系，提升自主研发能力和水平。

（六）把握装备制造业的低碳经济

重大技术装备在矿山、水泥、冶金、有色等基础领域的广泛应用，对淘汰落后产能、升级行业水平和助推工业经济实现经济发展方式转变有着积极作用。

面对全球气候变暖对人类生存和发展的严峻挑战，鼓励企业肩负自己的社会责任，以创新引领市场、创造需求，以绿色思维开发高端节能减排技术装备，迎接低碳时代的到来，同时也为企业自身培植新的经济增长点。立足低碳经济低能耗、低污染、低排放的发展理念，推出系列能源高效利用、清洁能源开发、节能减排、安全可靠的重大技术和装备。一方面，把现有的优势产品产业链尽量向两端延伸，通过加强研发、设计、采购、品牌、服务等环节提高产品附加值；另一方面，依靠技术创新打造低碳技术装备产业板块形成新的增长极。

也只有通过自主创新实施装备制造业的升级，开发高端低碳节能技术装备，推进基础行业加快淘汰落后生产力的步伐，才能从根本上实现经济发展方式的转变。

二、提高纺织业新陈代谢的机能

在倡导企业转型升级的今天，纺织企业的发展战略一般以产品、工艺流程、服务的升级和低成本（零成本）实现转型为最优决策，以混合战略（涵盖了升级、转型、退出和部分退出）为次优决策，最后才会选择退出。

表 1　转型升级中纺织业企业的发展战略

企业发展战略	升级	转型	退出	混合
选择方案 1	√	—	—	—
选择方案 2	—	√	—	—
选择方案 3	—	—	√	—
选择方案 4	—	—	—	√

注：混合是指企业战略涵盖了升级、转型和退出（部分退出）

从前面的分析可知，退出壁垒的存在大大减缓了企业退出的进程，企业间的共谋也会延迟企业退出的时间，从而造成社会福利的减少。

因而，本文认为，转型升级当务之急是要打破退出的壁垒，对企业退出提供必要的援助和实施应有的激励政策，以提高产业新陈代谢的机能，从而加速转型升级的进程。

江小涓（1995）提出了当年国有企业退出援助政策，一是设立产业调整援助基金，政府可以对从长线行业中退出的企业给予优惠待遇，如企业若封存和淘汰设备，在进行新投资时就可以按比例得到优先或优惠贷款或采用特别折旧率，或按封存和淘汰设备数量给予一定的资金补偿；二是通过受益者提供的补偿援助退出的企业；三是对企业员工失业和再就业制定特别政策；四是对区域性调整实施成套的援助措施。时至今日，这些援助措施对民营企业同样具有适用价值。本文认为，促使产业退出，可以采取以下产业调整援助政策：

（一）建立完善的退出机制

由于退出障碍的存在，市场机制在克服产业退出障碍方面作用十分有限。退出既涉及企业利益，也涉及社会福利，是具有较强外部性的活动，退出不仅涉及经济资源的配置，还涉及劳动力就业、社会安定等广泛的社会政治问题。

再加上企业曾经对社会做出过贡献，因此，政府有责任帮助其找到出路和归宿。可以组建企业救助机构，由市、区（县）各级发改、经贸、产业、金融等部门构成，职责是制定援助政策、制定企业退出方案、协调企业退出行动、组织实施企业退出。

（二）设立专项退出援助基金

由政府设立专项退出援助基金予以支持，政府可以对退出的企业给予优惠待遇，如企业若封存和淘汰设备，在进行新投资时，就可以按比例得到优先或优惠贷款，或采用特别折旧率，或者给予一定的资金补偿，后一种做法有时也采取政府向企业"购买"旧设备然后将其废弃的方式，即所谓的"收购报废"方式。产业退出援助基金还可以用来作为职工再就业培训的费用和待业救济金等。退出基金可由财政出资一部分，从现有企业按一定的比例提取一部分，从银行保险等金融机构筹集一部分构成，主要用于克服退出障碍支出、在退出产业领域导入新产业的资金支撑，以及用于职工的再培训等，基金可实行开放式金融化运作。

（三）引导受益企业实施援助机制

当一个产业收益递减，进入困境时，如果有许多企业退出，则产品供给的下降必将使市场供求关系发生改变，从而为其他企业带来剩余利益。如果退出者不能得到利益的补偿，则主动退出行为会受到限制，会等待别的企业先退出，自己从中受益。因此，利用剩余利益而不动用财政资金同样可以援助退出企业。如以产业内留存企业的收益或收益的一定比例，以及来自国际贸易的利益按一定比例通过有关政府机构或政府指定的金融机构，作为退出企业的补偿费用；对退出企业发放低息、无息、贴息贷款等；进行跨行业的补偿，受益行业向受冲击行业提供补偿。

（四）鼓励企业兼并联合和培植新兴产业

在财税、金融等方面实施政策倾斜，通过优势企业兼并吸收的方式促进部分企业退出，使产业集中度得到提高。退出最难以解决的问题是人员。当一些产业退出后，会产生大量的剩余劳动力，若不及时在当地因地制宜发展新的产业，失业问题会变得相当严峻，应用培植并发展新兴产业的方式来吸收退出来的剩余劳动力。

三、加快萧山钢结构行业升级的对策

本文从政府的视角，对萧山钢结构行业的升级提出了以下六条对策。

（一）纳入政府发展规划

要加快萧山钢结构行业发展，政府必须明确钢结构行业发展的指导思想、发展目标、政策措施，将钢结构行业发展规划纳入全区长远发展规划，指导钢结构企业着眼于长远发展，站在更高的起点放眼未来，以正确引导区内钢结构发展，少走弯路，更快发展。其对策一是提高对钢结构行业的认识，重视钢结构行业发展，关注钢结构行业发展，认清钢结构行业发展趋势，研究钢结构行业发展困难，积极寻求解决的途径和办法。二是制定全区钢结构行业发展规划，对钢结构产业布局进行调整，部署落实钢结构行业发展的具体举措，切实解决钢结构企业在资质、人才、市场等方面存在的问题，为企业排忧解难。三是加快钢结构行业发展。逐步发展以钢结构为主业，具备多元化设计施工能力和综合实力雄厚的大型钢结构企业集团。

（二）发挥行业协会的作用

发挥企业与政府之间桥梁、纽带的作用。钢结构行业协会一方面要深入了解钢结构发展情况和市场信息，为企业开拓市场做好服务工作；另一方面要深入实际调查研究，时时提出政策、措施类的建议，供政府决策参考。发挥企业之间沟通、交流、合作的作用。建立区内钢结构企业之间的合作协调机制，开展信息沟通和交流，建立萧山钢结构行业与钢铁企业（或销售商）之间的合作联盟等。发挥行业内部协调、自律的作用。树立“诚信企业”，规范区内钢结构行业秩序，促进行业的健康发展。

（三）建立萧山钢结构行业品牌

充分发挥“钢结构基地”品牌作用。发挥其在萧山钢结构行业发展中的作用，全力打响萧山钢结构整体品牌，力争在国内甚至是国际钢结构市场上，形成萧山钢结构产业的集团优势，推动萧山钢结构行业的整体发展；引导区内钢结构企业分方向发展。倡导企业分工协作，主攻专、精、特、新，打造自己的特色，避免由简单的重复、低附加值的同类叠加造成的区内钢结构企业在低层次的单一产品上进行恶性竞争；加强行业对外宣传力度。

（四）形成区内钢结构产业链

产业链是构成一个产业相互关联的所有环节的、带有该产业普遍特征的多层次结构。一个行业在产业链中所处的位置决定了行业发展的规模和效益。一是培育行业配套型专业企业。以钢结构企业为龙头，发展一批钢结构配套性强的专业企业，并充分发挥萧山钢结构物流市场作用，形成区内一个配套齐全的完整的钢结构产业链，以便进一步降低钢结构生产成本，提高区内钢结构企业参与国内国际市场竞争力。二是拓展产业价值链两端。在产业价值链的分工体系中，从萧山钢结构行业的现状来看，大量的企业集中在制造和安装环节，附加值较低，而真正有实力进入设计领域的企业不多。所以必须拓展产业价值链的两端，加大研发投入，推广应用新科技，创新营销手段，提升服务水平，以增加产业的实际效益。

（五）规范钢结构行业管理

行业管理事关行业质量、安全、发展等，管理水平的高低直接关乎一个地区行业水平的高低，直接影响当地经济发展，是事关改革发展的大事。加强行业管理，提升管理水平，努力服务行业，是促进行业发展的重要举措。一是建立相应机构。二是加强监督管理。三是规范工程操作。

（六）积极培养和引进行业人才

企业竞争力的形成是知识、技能的学习和积累，而人才是这些智力资源的载体，因此，企业竞争力对人才有高度的依赖性，在行业升级中必须积极培养和引进行业人才。加强与科研院校合作，促进“产学研”；引入各类专业人才，克服专业人才缺乏、人员素质偏低的困难；注重先进科技运用，积极推广新技术、新产品、新设备、新材料，并在工程中广泛采用新工艺、新标准、新技术。

四、推进产业集群整体升级的策略

在新的发展时期，杭州要打造出以开发区为核心、定位准确、市场配置、政府引导、自主创新的产业集群，相比上海、江苏、无锡等长三角兄弟城市，杭州在新兴产业集群的培育中任务更艰巨。无锡能在物联网、新能源、生物医药等领域抢占产业制高点，逐步壮大产业集群，其经验值得深思。杭州要把打造“产业链”和产业集群放到长三角整体发展中去谋划，加快调整优化产业结构和产业布局。

（一）发挥政策协同效力

梳理现有政策，发挥政策的协同效应，将扶持政策明晰和标准化，减少部门的自由裁量权，统一口径，由杭州市政府统筹政策实施，集中财力引导企业兼并重组，逐步整合建立一批大规模企业，承接国外技术，开展自主研发，成为产业集群的领头雁。集中财力扶持几个潜力产业，对高新技术产业中的领军型人物要引得进、留得住，完善公共服务的配套，推动产业升级。

（二）加快产业断链修复

产业集群建设的核心是完善产业链配套，强化分工协作。要鼓励发展“补链”型企业，实施差异化竞争战略，使企业由简单的“扎堆”、价格竞争转向产业上下游之间配套协作，形成产业规模大、创新能力强、品牌影响大、市场份额高的现代产业集群。产业集群最主要的特色是差异化竞争、错位发展。必须在强化产业特色、促进专业化分工、打造产业生态链上下功夫，优化产业组织结构，发挥龙头企业带动作用，引导中小企业向龙头企业配套、向工业功能区集聚，形成低成本、大批量、高质量的企业生产模式和产业发展模式，实现集聚集群发展。

（三）重视产业组织优化

政府产业政策的重心要从产业结构调整转向产业组织优化，政策偏重产业结构调整容易造成低效率与市场竞争不平等。欧美发达国家的产业政策重在防止大企业的垄断妨碍市场竞争。杭州产业组织政策重点要抑制中小企业间的过度竞争与不公平竞争。加强知识产权与品牌保护，鼓励规模企业加大研发，引进人才、购买技术与设备、开发新产品；通过设立专门的技术研发基金，引导业内企业投资合作，进行行业共性技术研发；促进从区外引进高端产业，通过合资合作，扩大技术溢出；构建合理的大中小企业协作体系，将中心企业与密切协作的中小企业集聚在一个园区内，以实现体系内协作的零距离；促进企业间以股权、品牌为纽带，形成体系内的紧密协作圈，保持体系的稳定；再者要鼓励企业间更多地以中长期契约的形式加强协作。在高科技企业中大力推行双中心体系建设，以研发企业为体系副中心，使其成为体系内的技术研发中心。

（四）关注集群升级生态

重视配套不足缺陷，产业集群升级的同时要求区位升级，在集群空间内要有配套的服务机构。如滨江区高新企业人员认为教育、医疗等公共服务配套不足是他们安家的最大顾虑，配套不足影响高新技术产业集群的壮大；创新不仅仅来自于集群企业内部各部门的管理流程协调和行动协同，更大程度上来自于企业、高校研究实验室、科研机构、供货商和顾客之间的参与和互动；集群内企业创新的直接动力在于收益与成本的动态权衡比较，其他因素必须借助于这种动力间接地发生作用，激励或抑制企业产生创新动机的可能，为产业集群升级提供良好的外部环境。

（五）致力发展特色集群

新兴产业集群的发展是杭州新的经济增长点，新建园区要避免走原来综合性园区的弯路，准确产业定位，在招商中处理好环境指标、投资强度与招商关联度的关系，转换招商理念，即不是投资强度越大越好，而要看是否符合园区产业定位，以产业关联度强弱决定引资与否。在园区中积极发展有特色的"园中园"，如钱江经济开发区的新加坡低碳产业园符合园区的低碳产业定位，又实现了区域产业集聚式开发。综合性开发区需要培育专业园区，如杭州经济技术开发区正着力打造"信息港""新药港"，围绕移动通信、集成电路、光电、数字家电、多层电路板及电子元器件六大基础产业，形成"高新为主、一区多园"的产业特色。

（六）重视人才安居乐业

经济转型、产业集群升级需要更多地依靠工程师、设计师等专业技术人员，政府如何保障他们不被高房价所挤压而离开，如何让城市成为一座宜居久居的创造力之城是杭州面临的实际问题。提供保障留住人才，使人才在杭州安心工作、安居乐业。杭州市应该扩大经济适用房的受惠对象，建立一批人才公寓解决人才的住房问题，并将该问题的解决纳入房地产开发和土地规划中。同时，可根据工作年限、所在企业对杭州市经济所做贡献的大小等条件，提供一定的租房或购房补贴。

（七）激活企业创新动力

产业集群中大企业出现的主要因素之一应归为“集体企业家精神”的创新示范效应和竞争效应的耦合，正是领先企业的创新活动所带来的巨大垄断利润和发展空间，从根本上激发了其他企业家的技术创新、组织创新和市场创新活力，这种示范效应与模仿效应既是集群创新与发展的催化剂，又在一定程度上改变集群技术惯性与锁定状态、引导集群重焕生机、延长生命周期。政府可以组织企业家联盟学习、考察，建立“品牌俱乐部”，激发企业家的创新热情，从根本上改变集群升级的内在动力机制。

（八）正视集群升级风险

产业集群通过嵌入全球价值链实现升级，参与国际化竞争，这已成为学术界、政界广泛支持的升级路径。然而，当产业集群逐渐被纳入全球价值链时，一方面会受到后起国家（或地区）的追赶，劳动力资源竞争优势逐渐丧失，另一方面会受到技术领先国家的技术遏制。不升级，就意味着要被后起之秀追赶上，一旦升级成功，却可能在超越技术领先国后因为找不到下一个技术制高点而丧失机遇，或者快速完成升级后造成其他方面难以与之协调发展，反而更加受制于技术领先国。如美国底特律汽车产业集群，虽然成为美国甚至是世界的汽车制造中心，但是在产业集群升级过程中，忽视了产业集群的封闭性结构造成的战略趋同风险，大多朝宽敞、气派、动力强、耗油量大的大型车发展，这给日本进军利润丰厚的运动车和微型小汽车市场提供了可趁之机。因此，产业集群升级之路具有一定的艰难性、风险性，表面上由于没有巨大的财力、物力、人力支撑，难以协调各方面的发展，实际上，是产业升级过程中，过度重视产业结构的升级、自主创新能力的培养，而忽视了产业集群本身固有的风险，尤其是风险的传导与扩散。

五、促进杭州制造业升级的政策建议

政策是影响企业升级战略的重要变量，灵活的政策倾斜是产业结构升级强有力的制度保障。本文就完善杭州制造业升级扶持政策进行了探讨。

（一）减少技术依赖，寻求差异发展

在今天的国际环境下，技术依赖远比资金依赖和市场依赖更加难以摆脱，跨国公司既希望利用我国的低成本优势获取更多的价值链分工利润，同时又提防我国的创新能力以及向价值链高端的攀升能力。当我国代工企业的行为与其利益一致时，会获得有限与局部技术溢出和技术转移支持，代工企业会表现出一定程度的产出增长效率的提高；当两者利益发生冲突时，前者会利用种种手段来封锁和压制后者，代工企业从而有可能被锁定于代工、出口与微利化，陷入升级能力缺失的非意愿恶性循环。政府必须引导企业尤其是中小企业认识到产业的核心技术特别是前沿和战略高技术是引进不了的，产业升级作为一项复杂而艰巨的工程，并非一蹴而就。德国制造的非价格竞争之路特别值得那些以量扩张为主、价格战大行其道的企业的高度重视。以中小企业为主的制造业，只有瞄准被主流市场忽略的各种特殊的产品及服务才是出路，而需求层次各异的我国多元化市场，恰恰为企业的差异化生存提供了广阔的发展空间。

（二）增加民众收入，扩大市场需求

由于收入分配结构决定了民众的需求，也深刻影响了企业升级活动的决策动机，因而任何试图促进或激励企业升级能力形成与发展的政策措施，从最核心、最根本的角度来看，都不可脱离对现阶段收入分配结构所包含需求因素的限制与约束的考虑。所以，推动升级不仅仅局限于激励企业研发投入和对产业进行调整的各种优惠政策，同时应将视野拓宽到如何调节收入分配决定机制对需求结构的传导机制上来，把政策视角集中于改善合理的需求结构，增强对企业升级动力的诱致功能和对形成自主创新能力发展的内在激励机制方面。这就要求建立一个能够适应经济形势重大变化，具有出口和内需兼顾、转换功能的需求支撑体系。

（三）倡导分层升级，突破重点领域

在短时间内要全面推进杭州制造业升级，有相当大的难度，本文倡导制造业分层升级的构想。从三个层面推动产业升级：行业层面上是产业结构的升级，由资源密集型产业和劳动密集型产业向资本和技术密集型产业转变，多数企业由处于整个产业价值链的低端环节向高端环节转变；区域层面上是培育

现代产业集群和区域品牌;企业层面上是技术创新和经营管理的提升,包括体制、经营理念、产品、市场、技术、内部管理等各个方面。应从三个层次梯度推进:规模层次,规模越大越需要升级,应形成一批升级领军型企业;行业层次,利润率较高的行业更有能力和条件推进转型升级;企业性质层次,国有企业应首先上阵,其次是实力较强的民营企业。真正传统型、劳动密集型、低层次的中小企业,不论其能力还是动力,一般只能是升级队伍中的跟随者。

(四)培育创新精神,激发升级活力

政府和企业是推进升级的两种不同的力量。从根本上说,企业是产业升级的主体,离开了这一微观基础,产业升级便成了无源之水、无本之木。仅靠政府的意愿是不够的,必须激发企业升级的积极性。只有企业主动升级,并具备升级的能力,才会推动杭州制造业的升级进程。一个企业能否进行创新以实现技术领先,这与企业家的技术战略抱负及领导素质紧密相关。在强调单纯的财政资助或税收优惠之外,不应忽视企业创新文化和企业家精神的培养与激励。因此,应当尽快构建合理的企业间人才选拔机制和继续教育体制,培养企业经营者自主创新、主动升级的长远目标;设置激活企业转型升级意愿的激励政策,扩大产业升级补贴的激励效应;完善升级的退出机制,如制造业转向服务业时,关注现有土地性质能否顺利转换等问题;完善研发机能的配套政策,挖掘新产业的优惠政策,将政策扶持的重点放在技术创新、品牌创新、管理创新和集约发展、规模发展、科学发展上,从而实现杭州制造业升级的重大突破。

第三篇章

激发新兴产业新活力

推进杭州物联网产业创新发展研究

物联网(The Internet of Things)是指在互联网基础上整合传感、通信和信息处理等技术，按约定的协议，把相关物品与互联网连接起来，进行信息交换和通讯，以实现智能化识别、定位、跟踪、监控和管理的一种网络。物联网能够通过现有网络实现世界各地真实物品或机械设备的远程控制和自动化之间的信息交流。

物联网是国外的热点研究领域，早在1995年，比尔·盖茨在《未来之路》一书中就曾提及物联网。2005年11月，国际电信联盟(ITU)发布了《ITU互联网报告2005：物联网》报告，物联网被认为是继计算机、互联网、移动通信网之后信息产业的又一重大里程碑。物联网催生新兴战略性产业，从而加速推进各国经济振兴与社会发展转型，已经引起美国、欧盟、日本等的极大关注。如美国2008年底由IBM向美国政府提出“智慧地球”的战略，强调传感等感知技术的应用，提出建设智慧型基础设施的构想；2009年6月欧盟物联网行动计划，强调射频识别技术(RFID)的广泛应用，并注重信息安全；2009年8月日本提出了i-Japan战略，强调电子政务和社会信息服务的应用。

时任总理温家宝在2009年11月向首都科技界发表的题为“让科技引领中国可持续发展”的讲话中，重点强调“着力突破传感网、物联网关键技术，及早部署后IP时代相关技术研发，使信息网络产业成为推动产业升级、迈向信息社会的发动机”，并首次明确了涉及新能源产业、微电子等新型材料、物联网/传感网、生物医药、海洋工程等五大领域的新兴产业范围。国家发改委将物联网纳入新兴产业发展规划，标志着物联网将成为中国经济振兴与社会转型的战略支点。建立物联网将是中国深入推进信息化与工业化协同发展，实现“两化融合”国家战略的重要举措。

在两化融合和感知中国的国家战略背景下，作为具有广阔前景的新兴产业，物联网发展不仅受到了政府、产业资本等层面的高度关注，也激起了学者们的研究热情。邵威、李莉（2009）把物联网的战略路径分为关键应用、规模应用和普遍应用三个阶段，并根据物联网技术水平、用户需求和系统成熟度等方面的特点，将物联网技术演进路线分为信息汇聚、协同感知和泛在聚合三个阶段，以渐进融合的方式来满足不同层次的应用需求。陈锐（2010）将物联网分为感知层、网络层和应用层三层体系，他认为每个层次承载不同的功能，并实现有机的链接。侯赟慧、岳中刚（2010）分析了我国发展物联网产业面临的挑战，主要体现在高端技术缺乏、信息安全难以保障、污染及能耗影响三个方面。汪亮、罗如意（2009）则根据杭州物联网的发展状况，提出了今后发展物联网的九条可操作性建议。

当前，杭州正处于转变经济发展方式、推进工业转型升级之际，致力于新兴产业培育是杭州增强城市竞争力的必然选择。物联网作为新兴产业，是引领经济复苏的新动力。推进物联网产业发展可以加大杭州工业化的科技含量，促进多个产业的共同繁荣。着力对杭州物联网产业培育进行前瞻性研究有明显的理论和现实意义：从理论上，物联网产业兴起导致产业发展基础、产业结构演变和产业组织形态等方面的根本变化，深刻探究有助于增强解释力和丰富新兴产业创新理论；从现实上，揭示物联网产业发展的微观基础和政策需求，提出促进新兴产业发展的政策措施，能为今后加快杭州物联网产业的发展步伐提供前瞻性的决策参考。

本文主要探索如何促进杭州物联网产业的发展，寻求政府对新兴产业的有效支持方式，以进一步促进有效组织、优化整合国内外的物联网资源，增加杭州物联网企业聚集的广度和深度，使物联网成为杭州经济振兴与社会转型的战略支点。

一、物联网的发展及应用前景

物联网用途广泛，遍及智能交通、环境保护、政府工作、公共安全、平安家居、智能消防、工业监测、老人护理、个人健康、水系监测、食品溯源、情报搜集等多个领域，使人类能够以更加精细的方式管理生产和生活，达到“智慧”状态。物联网一方面可以提高资源利用率和生产力水平，大大节约成本，改善人与自然的关系，提高现有机械设备运行的安全性和有效性，进而提高人们工作的效率以及生活品质；另一方面可以为全球经济的复苏提供技术动力。物联网将是继计算机、互联网与移动通信出现后的新一轮信息产业浪潮，所产生的经济效益将以万亿计。据专家预测，10年内物联网就可能大规模普及，2020年之前全球接入物联网的终端将达到500亿个。正因为如此，物联网的概念提出之后，立即引起了政府、经济界和电子信息业界的广泛关注。

（一）物联网产业的发展趋势

物联网已成为继计算机和互联网之后，世界信息产业的第三次浪潮，已成为新一轮全球经济发展的战略焦点。近年来，全球主要发达国家和地区纷纷制定与物联网相关的信息化战略，如美国的"智慧地球"、欧盟的"物联网行动计划"、日本的"e-Japan""u-Japan""i-Japan战略2015"计划等，冀望借助物联网来突破互联网的物理限制，寻求金融危机解决之道，刺激经济增长。

物联网作为新兴产业在我国异军突起，各级政府的政策出台、各高校院所的技术研发标准化进展以及重大专项的设立，将是推动经济发展的重要生产力。借助物联网，我国现有互联网及通信领域受制于发达国家的格局有望改变，我国有望创造一个庞大的网络及行业应用市场，推动经济新腾飞。物联网技术将生产要素和供应链进行深度的高效重组和融合，实现成本更低和效率更高的发展，加速带动其他应用领域产业链的拓展、延伸和融合，逐渐将产业链带入良性循环的发展道路，从而真正使信息网络产业成为推动产业升级、迈向信息社会的"发动机"，形成一个更加智慧的生产生活体系。因而，培育和推进物联网产业发展，对于一个城市加快工业转型升级，发展新兴产业，走产业高端化道路具有重要战略意义。

工信部电信研究院《2011年物联网白皮书》指出，我国已形成基本齐全的物联网产业体系，部分领域已形成一定市场规模，网络通信相关技术和产业支持能力与国外差距相对较小，传感器、RFID等感知端制造业、高端软件和集成服务与国外差距相对较大。仪器仪表、嵌入式系统、软件与集成服务等产业虽已有较大规模，但真正与物联网相关的设备和服务尚在起步。

（二）物联网产业的应用前景

物联网应用领域十分广阔，几乎涉及人类健康、交通控制、公共安全、工业监测、老人护理等所有领域，大规模普及能形成上万亿规模的高科技产业市场。由于物联网能实现智能识别和管理，其技术是典型的具有交叉学科性质的军民两用战略技术，可以广泛应用于军事、国家安全、环境科学、交通管理、灾害预测、医疗卫生、制造业、城市信息化建设等领域，特别是能在很大程度上为城市的公共服务提供保障，提高人们生活的便利度和舒适度。

1. 物联网在生活中的实际应用

当人们还沉浸在包罗万象、无所不能的互联网中的时候，物联网已经悄悄走进了我们的生活。那么，物联网究竟会给我们的生活带来怎样现实的变化？见图 1。

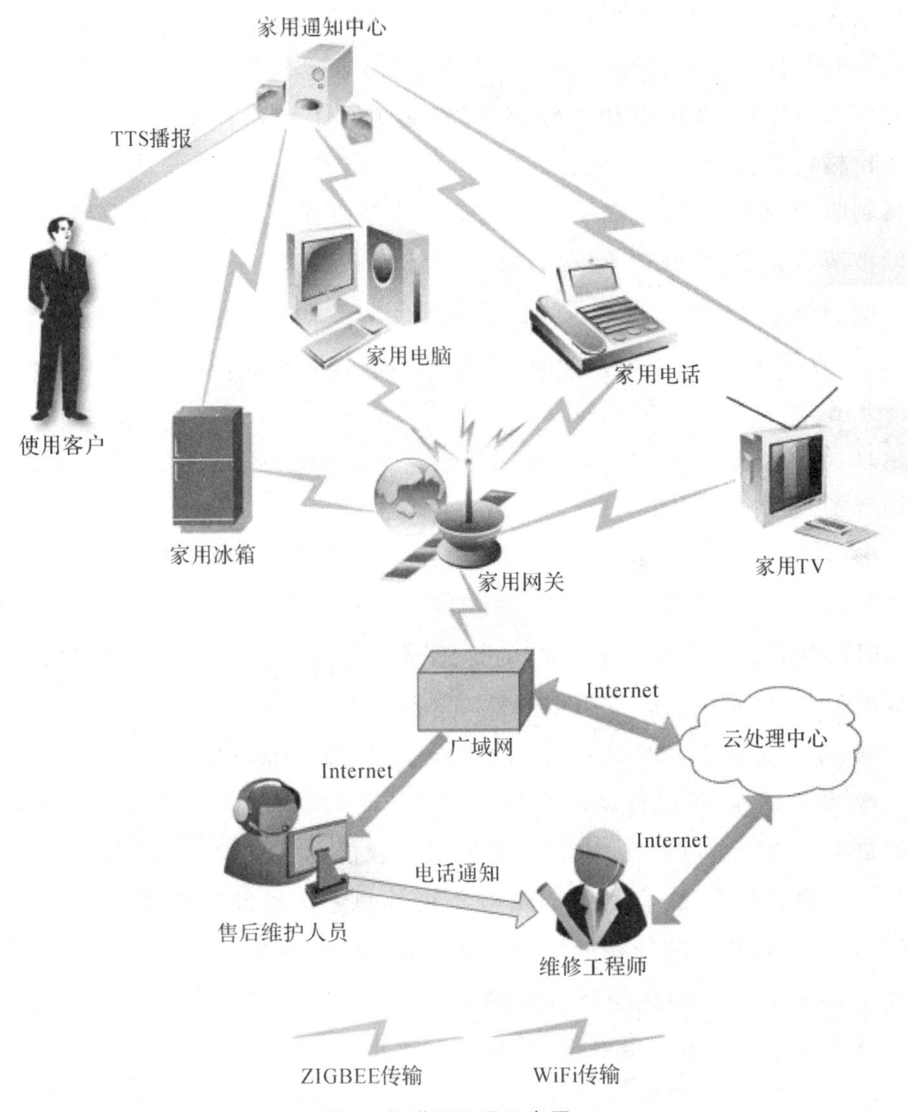

图 1　物联网运用示意图

2010年12月1日，杭州开设了RFID创新与应用体验馆，展示了物联网射频识别技术在现实生活各个方面的应用，为我们描绘出了一幅幅未来生活的可能图景。

● 导购系统，帮你搭配衣服。如你在店里看到一件自己喜欢的衣服，却因为不知道该如何搭配而犹豫不决时，你只需将带有标签的衣服放在离天线几米远的范围之内，三维图像可以显示出这件衣服的名称、款式、材料、颜色、价格，同时还在屏幕上列出许多搭配效果图，你甚至可以用手指触摸察看。

● 智能超市，所有商品一刷搞定。如果你去一家“智能超市”购物，那么由天线发射出射频信号，将把所有的商品价格都用“电子标签”显示，让你一清二楚。同时每件商品上都贴着一个小小的芯片，如果价格有所变动，店员只需在电脑前点点鼠标，就可以快速修改价格，避免了手工贴标价签的麻烦，轻松实现了价格标牌自动变换功能。你也能第一时间了解价格的变动。等你把购物车推到收银台上，你只要在一个小阅读器旁停留片刻，所有推车中的商品就会自动被清点完成，总价和单价都会列在电脑屏幕上。

● 手机一扫，液化气罐安不安全就知道。今后，就连换液化气罐这样的事情，也能有物联网这一技术帮我们免去人工检验的麻烦：每一个液化气罐都带有一张芯片，储存了它的年检信息。只需通过无线上网的手机，就可以扫描钢瓶信息，知道它是否需要报废，是否安全。确定安全后，我们就可以安心给空罐换气了。

● 天暗了车多了，路灯自动亮起来。时常有人反映，天都亮了，路灯为啥还亮着，多浪费资源啊。利尔达科技有限公司就设计了一套基于智能传感网的LED照明系统，在路上有专门的传感器以及地磁设备，前者可以“看”户外光线的强弱，后者可以感觉汽车的移动。这些信息传到后台，系统就能根据光线强弱、车流量多少来对灯光进行智能调节，避免资源浪费。

● 智能插座，可以自动设置开关时间。临时出门，家里电器忘了关，电力被浪费不说，甚至可能引发火灾。智能插座就能帮你解决这个问题，插座里面安装有特殊的芯片，能监测和记录电器设备的工作情况。户主可以提前设置时间，对电器的开关进行智能控制，用上无线收发设备配合电脑软件，还能读取插座上的数据，并对插座进行远程无线控制。

早餐前打开冰箱取出牛奶，冰箱显示屏上立刻跳出一行字：5天前生产，已在此存放3天，从您健康角度考虑，建议2天内饮用完毕；从办公室里发一条短信，就能让家里的电饭锅开始煮饭；车主通过连上了传感网的车载GPS，可以知晓路上的交通状况；出门上班前打开电脑，先看看早高峰情况，根据预报，到公司的路上两车刮擦，占据2个车道，道路拥堵，建议改乘地铁出行；中午休息，不放心在家的孩子，打开手机，利用装在门上的传感器，不但可以知道房间里的温度湿度、门锁状态，孩子在干什么，一旦起火，传感器温度会立即升高，发布警报等等。不久的将来，我们就有可能亲身体验到这些物联网技术带给我们的“智慧生活”。

2. 物联网在制造业中的应用前景

物联网在制造业企业具有广泛的应用前景，经济效益和社会效益明显。物联网可以实现以下五大功能：电子工单、生产过程透明、生产过程可控、产能精确统计、车间电子看板。这五大功能实现了制造过程信息的可视化，对于生产管理和决策具有六大作用：计划与工厂现场信息共享，科学排产；促进生产现场与支持协调同步，减少停机损失；及时发现设备人员等异常，快速做出响应；提高人均效率，减少人工使用；自动采集加工绩效，创造公平的劳动环境；数据挖掘和利用，支持企业管理层面的科学决策。

物联网可以将企业信息化延伸到生产车间，直达最底层的生产设备，并设立实时监控和预报警机制，弥补了企业管理资源的不足。详尽的原始数据通过提炼应用可以帮助制造企业快速、大幅度地降低生产成本，持续地提供管理水平、经营绩效和综合竞争力，推进传统制造企业的转型升级。

3. 物联网将成为社会管理的重要工具

伴随物联网这一新生事物的推广和全面建设，其覆盖的领域会逐渐延伸至医疗卫生、食品安全、流动人口等社会管理的各个方面。物联网的应用必然会促进社会管理的理念和模式的创新，加快社会体制改革的步伐。

(1)物联网在医疗保险、医疗卫生监督和远程医疗等方面的应用，将加快医疗卫生信息化建设，进一步促进医疗卫生改革。无线监控系统可实现从患者入院、看诊、各种检查到住院、手术等过程的全程监控。一方面全面采集患者信息，及时向医护人员提供情况，使患者能得到准确的治疗；另一方面可以随时跟踪医护人员的位置及工作情况，很大程度上防止乱开高价药、误诊误治、处理不当、收受红包等扩大医患矛盾现象的产生，一定程度上能够增强医护人员的法律意识和责任心，为医院的科学管理提供可靠依据。

物联网所具备的感知和传输技术可以为远程医疗服务的发展创造更广阔

的前景。它能够实现专家与病人的异地会诊，使病人在原地即可接受多方专家的会诊，为居住在偏远山区、医疗条件差的患者诊疗提供了非常便利的条件。远程医疗拥有大量专家和医疗设备的共享资源，必将对保障人民群众的健康发挥重要作用，为我国的医疗卫生改革做出贡献。

(2)射频标签与无线传感器网络技术，为加强流动人口管理，有效解决城市流动人口与人口信息二者间的误差提供了可能。我国正进入城市化快速发展的关键时期，人口城市化成为不可逆转的历史潮流。城市流动人口给社会经济发展带来巨大活力的同时，也对人口管理提出了更高的要求。要加强对流动人口的管理，就要借助先进的物联网技术。在互联网的基础上，利用射频标签与无线传感器网络技术构建一个覆盖所有人与物的网络信息系统，它可以及时、准确收集、发现、处理和管理流动人口信息，以便相关管理部门对管理过程进行优化，有效解决城市流动人口与人口信息二者分离的问题，突破现行管理体制的瓶颈，实现流动人口有序管理。充分运用物联网“人物相联”“物物相联”的优势，建立诸如流动人口就业网络的服务系统和信息传播系统，为农村剩余劳动力和企业迅速提供供求信息，这既满足了流动人口的基本需求，又实现了对人口流向的正确引导。

(3)利用物联网无线传感器技术研制的新一代应急联动系统，为制定突发事件应急预案提供了科学支撑。突发事件的信息具有相当的不对称性，导致应急管理过程中有效信息缺乏，加大了应急管理的风险。在应急管理过程中对信息的需求分析和有效采集、辨识以及配套资源处理的不确定性成为主要难题。物联网的最大优势是对复杂环境或事件的精准感知，因其具有高可靠性、高抗毁性、随需而设、即设即用等优势，尤其适合无法部署固定线路的突发公共安全事件场合，如火灾、矿难等需要灵活机动部署的突发事件。利用物联网无线传感器技术研制新一代应急联动系统并构建应急联动系统的突发性基础信息采集、分析和预警体系，对突发公共事件实施全方位监测监控、识别和自动应急，为制定预案提供科学支撑，为提高对突发事件处理能力提供了有力的技术支持。

(4)物联网的发展，对提高社会组织自我管理、自我运作、自我发展能力有着必不可少的作用。随着社会体制改革的深化，社会组织在公共服务领域的作用日益显著。近年来社会组织迅速发展，在取得成绩的同时也面临很多困境，如人才短缺、社会认可度欠缺等。物联网的末端感知设备可以在全国范围内采集、分析和统计社会组织管理的人才信息，建立人才信息库，同时在信息库的范围内优先招募具有高学历或管理经验的专职或兼职的年轻人才，从源头上解决社会组织缺少从事社会工作的人才问题。另外，运用无处不在的物联网络，可以为社会组织发展营造良好的舆论环境，大力宣传社会组织在我国经济建设和社会发展过程中的地位和作用，同时利用传输技术向地方及时推广社会组织的成功经验，提升社会组织在公众中的影响力和认可度。

大力推进物联网的研发和应用，是改善人民生活质量，保障人民群众根本利益，加快社会事业发展的驱动力。在新形势下必须采取有效应对措施，弥补物联网发展对社会管理造成的负面影响，同时充分发挥物联网的优势，最终实现促进社会管理创新，加快社会管理体制改革，构建社会主义和谐社会的目标。

无疑，物联网能够为人们提供优质高效的社会生活服务和公共管理，具有重大社会价值。作为新兴产业，物联网具有强大的经济价值和广阔的发展空间。

（三）物联网产业的生态特征

物联网结构复杂，它主要由感知（先进传感器及无线传感器网络）、传输（网络集成及数据处理）和应用（应用方案及标准化）三个层面共同构成庞大的社会信息系统，涉及国民经济的各个行业和社会生活的各个领域，将带来万亿级的产业集群效应。物联网产业涉及设备制造、软件开发、系统集成、网络传输和应用服务，包含了硬件产品、软件产品、系统方案以及运维服务等方面内容。如果将物联网产业看成一个产业生态系统，则其可划分为五大产业群体①：系统设备制造商、系统集成商、系统软件提供商、网络运营商和应用服务提供商（如图2）。

1. 不同产业群体的功能

不同的产业群体在产业生态系统中发挥不同的功能。

（1）系统设备制造商，包含终端设备制造商和网络设备制造商。终端设备主要是传感器和芯片两种，产品个性化差异明显，因进入传感器和芯片的门槛低，企业数量较多，且以中小企业为主，企业技术实力比较弱，竞争激烈，

① 毕皖雯，郑惠莉．营造我国物联网产业生态圈[J]．中国电信业，2012(2)：134.

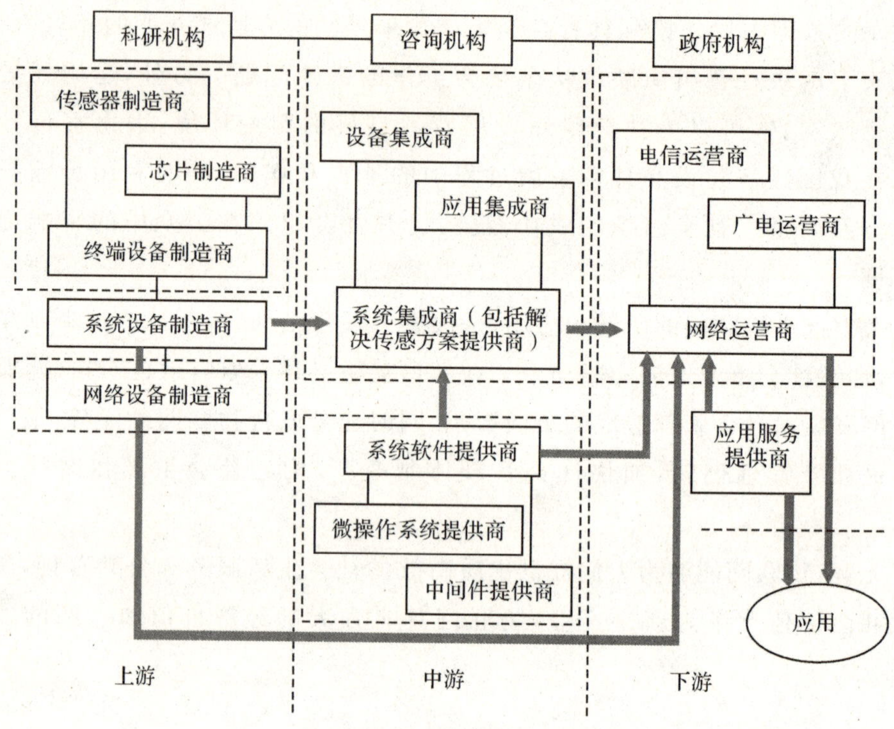

图2　物联网产业生态系统

所以产业群体较大且不稳定。相对来说，网络设备产业群体中，企业数量适中，以大企业为主，实力较强，产业群体适中且比较稳定，如华为、中兴、大唐电信等。

(2)网络运营商，包含电信运营商和广电运营商。这两个运营商中，前者企业规模比较大，包括中国移动、中国电信和中国联通三大集团企业，而广电运营商只有国家广播电影电视总局一家集团企业。网络运营这种自然垄断的性质决定了企业的规模，所以产业群体比较小但较稳定。

(3)系统集成商。与网络运营商不同，系统集成商主要由一些中小企业构成，由于受到资金、技术、成本的约束，进入这一领域的企业较少，而企业实力又较弱，因而随时存在着衰亡和被迫退出的风险，所以产业群体较小且不够稳定。

(4)应用服务提供商。与系统集成商的情况类似，应用服务商数量较少，企业实力较弱，衰亡或者退出的可能性较大，所以产业群体较小且不稳定。

(5)系统软件提供商。与其他几个产业群体相比，系统软件提供商中的企业比较适中，所以产业群体也比较适中且稳定。

表1　物联网产业群体特性分析

产业群体名称		群体数量	企业数量	企业实力	群体情况
系统设备制造商	终端设备制造商	少	多	弱	大且不稳定
	网络设备制造商	适中	适中	强	适中且比较稳定
系统集成商		少	少	弱	小且不稳定
网络运营商		少	少	强	小且稳定
系统软件商		适中	适中	适中	适中且比较稳定
应用服务商		少	少	弱	小且不稳定

2. 不同产业群体的地位

在物联网产业生态系统中，产业群体处于不同的地位，可以按照核心产业、从属产业和伴生产业进行划分。

(1)核心产业。核心产业在产业生态系统中起着举足轻重的作用。物联网产业正处于快速发展期，一个突出的特点就是“感知”，而系统设备制造商和系统软件商是实现“感”和“知”的重要载体，在整个系统中居于核心及关键地位，其发展的好坏直接关系到中游和下游的其他环节，因此这两个产业群体属于核心产业。

(2)从属产业。系统集成商、网络运营商和应用服务商属于从属产业。从属产业又分为完全依赖性从属产业和不完全依赖性从属产业。系统集成商和应用服务商属于完全依赖性从属产业，会随着优势产业的消亡而消亡。如系统集成商是将硬件和软件集成为一个完整的解决方案提供给用户，如果硬件和软件的制造商不存在了，那么系统集成商也就没有存在的价值了，应用服务商亦然。网络运营商则属于不完全依赖性从属产业，网络运营商的功能是提供信息传输渠道，如果不需要传输物联网方面的信息，还可以传输通信等方面的信息，网络运营商仍能生存。

(3)伴生产业。物联网产业的发展还需要科研机构、咨询机构、政府机构等的支持，科研机构提供技术支撑，咨询机构提供咨询服务，政府机构提供政策扶持和战略指导，这些是物联网产业生态系统中的伴生产业。伴生产业不起主要作用但填补了产业间的各种关系，构成了复杂的产业关系。

表 2　物联网产业群体性质分析

产业群体名称		产业群体地位
系统设备制造商	终端设备制造商	核心产业
	网络设备制造商	核心产业
系统集成商		完全依赖性从属产业
网络运营商		不完全依赖性从属产业
系统软件商		核心产业
应用服务商		完全依赖性从属产业

二、杭州物联网产业的发展态势

2009 年，杭州市已聚集物联网及相关企业近 80 家，年产值超 210 亿元；截至 2011 年底，物联网及相关企业已有 100 余家，年产值超 350 亿元，基本形成从关键控制芯片设计、研发，到传感器和终端设备制造，再到物联网系统集成以及相关运营服务的产业链体系。

（一）杭州物联网产业的发展现状

杭州作为长三角区域重要中心城市，是国内物联网技术研发和产业化应用的先行地区之一，位处全国物联网产业发展的“第一方阵”。杭州作为国家唯一的集电子产业基地、服务外包基地、高技术产业基地、中国电子商务之都等称号于一体的城市，拥有国家电子信息产业基地、国家软件产业基地、国家集成电路设计产业化基地、杭州信息产业国家高技术产业基地等物联网基础产业基地，具备较强的信息产业配套协作能力，这些都成为杭州物联网产业发展的坚实基础。

1. 杭州物联网产业的发展成就

杭州市发展物联网产业有两大优势：一是有强大的软件和信息服务业，包括自主研发的芯片。工信部对 15 个副省级和 4 个直辖市软件产业核心竞争力评比中，杭州名列第四，排在北京、深圳、上海之后，这是对杭州市软件和信息业服务自主创新能力的充分肯定，也是杭州物联网产业发展的技术基础与市场基础。二是有强大的工业基础。杭州市工业经济 2011 年销售产值达到 1 万多亿，人均 GDP 已经连续两年突破了 1 万美元。杭州众多民营企业家具有强大的活力和无穷的创新动力，为物联网产业发展奠定了雄厚的基础。

(1)企业起步早，产业基础厚实。

早在 2004 年，杭州家和智能控制有限公司就开始了传感网的研究，是国际无线传感网标准组的成员。中国电子信息集团第 52 所也是国内较早涉足物联网领域的企业，专门开发传感网关键技术和制定产业化应用标准。

杭州这些起步较早的领军企业，其一定的技术储备形成了先发优势，涌现出一批在智能安防、智能交通、智能医疗、智能电网领域具有全国领先水平、富有竞争力的企业，如银江电子、大华技术、大立科技、新世纪信息技术、中瑞思创等多家在智能安防、交通、医疗、电网领域具有影响力的上市企业。杭州基本形成了从关键控制芯片设计、研发，到传感器和终端设备制造，再到物联网系统集成以及相关运营服务的产业链体系。

(2)技术起点高，发展优势明显。

杭州市集聚了一批在物联网技术研发领域具有一定优势的研究机构和骨干企业，在射频识别、无线传感器网络、物联网系统集成等方面掌握了一批核心技术。拥有相关专利及软件著作权 160 余项，其中发明专利 56 项，并在工业控制、电力安全监控、区域入侵防范、建筑能耗监测、智能交通、环境监测等物联网技术应用及产业化方面取得了骄人成就。如中国电子科技集团第 52 所研究出传感器节点、网关设备等硬件开发的关键技术，杭州家和公司研究出拥有完全自主知识产权的无线传感网技术平台，突破了五大关键技术，并且开发出相关产品，这些产品已经在电力、电表、节能减排等领域得到了示范应用。还有一批科技创业企业在物联网应用新领域不断拓展，已经具有一定基础。例如，高新区的力太科技有限公司就专业从事离散制造业工厂物联网(FIOT)的研究、开发和应用，其成果已经在广东、浙江的大型制造业企业得到应用，产生了良好的经济效益和社会效益。

(3)示范亮点多，产业应用丰富。

杭州市物联网企业和研究机构已在物流、工业控制、综合交通、智能电网、节能减排、安防监控、环境监测等领域成功实施了一批物联网技术应用项目，积累了一定技术应用和服务经验，并逐步向物联网应用的其他领域渗透。杭州家和智能控制有限公司与浙江省建筑科学研究院合作开发的建筑大楼能耗监测系统，已在省内 15 个酒店建筑中应用；杭州中正生物认证技术有限公司成功将嵌入式指纹识别感应技术广泛应用于电子政务、电子商务和金融机构门禁门锁领域，成为国内领先的生物识别设备供应商；杭州中芯微电子有限公司开发的微功耗远距离射频识别产品已应用于省内监狱服刑人员生命体征监控、定位系统领域；杭州电子科技大学射频电路与系统重点实验室开发的基于无线传感器网络技术的“绿野千传”天目山森林生态保护项目已进入实地部署阶段，实施成功后，有望成为全球规模最大的实际部署的民用传感器网络平台。

杭州市政府也积极推进和引导示范应用，如杭州市民卡的应用，目前是全国 IFID 应用最好的案例之一，全国许多城市都在向杭州市民卡中心学习一卡通的应用；杭州的公用自行车，也是政府推动的最大物联网示范应用项目。

(4)运营谋划早，网络基础扎实。

杭州市已拥有大容量程控交换、光纤通信、数据通信、卫星通信、无线通信等多种技术手段的立体化现代通信网络。不断推进中的 4G 通信网络又为物联网信息传输增添新平台。另外，杭州市数字电视网络建设领先全国，是杭州市网络资源的又一大优势。华数数字电视传媒集团在国内率先构建由宽带互联网、无线宽带城域网、数字电视网、视频监控网为一体的基础网络平台，并已成功推出“全媒体华数眼”“华数家庭智能终端”“全媒体智能检索”等基于物联网技术的信息服务产品，已具备大规模物联网运营能力。

(5)人才储备丰富，协同能力突出。

本土学科和人才资源丰富。浙江大学、杭州电子科技大学、浙江工业大学等在杭高校共 38 所，每年应届毕业生有 10 万人，与物联网相关的电子信息、计算机、通信、软件专业的毕业生有 2 万人左右，部分在杭高校甚至已把物联网的解决方案纳入本地大学的大三、大四课程，本土人才基本能保证物联网产业在目前阶段发展的需求。

吸引人才加盟物联网产业。杭州市政府积极推动海外人才到杭州创业的计划，市委组织部连续三年组织海外高端人才项目洽谈对接会，软件和信息服务业的人才占 70%到 80%，与物联网直接相关的占 30%左右。民营企业家也在海外积极招募业内高端人才，许多企业独自或会同政府一起到西安、合肥、成都、武汉、南京等地，招募一大批有志于物联网的人才。杭州一直提倡宜居、宜业，城市总体上还是比较能够吸引各地人才到杭州来定居和创业。

出资专门培训物联网人才。杭州市政府每年出资 1000 万左右，按企业与个人分别承担一半的原则，对进入以物联网为代表的战略新兴产业从业者，进行专门的培训，进一步加快新人对新的行业的熟悉程度，满足于企业和行业发展的需求。所以，杭州人才的储备、吸引人才的优势为物联网发展提供了有利的条件。另外，杭州市拥有多个物联网技术国家级、省（部）级重点实验室，具备较强的基础研究开发能力。众多物联网企业与中科院、清华大学等国内顶尖科研机构、大专院校建立了紧密的合作关系，在技术研发、成果转化、人才培养与交流等方面获得了良好的支撑。

(6)扶持力度大，政策效应显现。

近十年以来，杭州市委、市政府通过信息港、医药港已经投入了10亿多财政资金，扶持软件和信息服务业，包括现在新兴的物联网和云计算产业的自主创新。杭州把物联网产业作为重点培育的战略性新兴产业之一。2005年，杭州在《杭州市电子信息产业“十一五”发展规划》中，把传感网产业列为产业重点发展方向，并编入了产业发展导向目录进行支持，奠定了发展基础。2009年，杭州编制出台了《杭州市物联网产业发展规划(2010—2015年)》，对杭州物联网产业发展进行了重点部署，并明确了一系列的财政扶持政策。该规划明确提出了“利用物联网大规模产业化和应用对传统产业带来的根本变革，重点推进在工业生产等领域的信息化发展”。设立扶持资金，成立了杭州市物联网产业发展工作领导小组。2010年市财政安排1000万元资金，用于扶持物联网产业的发展。组建了物联网产业联盟，积极推进战略合作、建设研发平台，企业创新力度不断加大，应用推广逐步展开，物联网产业整体呈现良好发展势头。

（二）杭州物联网产业的发展目标

《杭州市十大产业发展研究报告》明确指出，到2015年，杭州市物联网产业规模跃上新台阶，在关键技术、核心产业、示范应用以及公共平台建设方面取得关键性突破，物联网技术融入城市运营管理的各个领域，率先将杭州打造成国内重要的物联网经济强市。

(1)总量规模。力争到2015年，全市物联网产业主营业务收入超1000亿元，平均增长30%左右，产值占战略性新兴产业总量的比重逐年提高。

(2)企业培育。培育一批掌握关键核心技术、具有产业带动性和行业影响力的大企业集团，到2015年主营业务收入超100亿元的企业有1—2家，超50亿元的企业有2—3家，超10亿元的企业达到20家，新增上市企业有5家以上。

(3)技术创新。力争每年组织5项以上关键技术攻关项目，到2015年新增省级以上企业技术(研发)中心超过20家,主导和参与制定物联网行业标准10项左右,物联网领域专利及软件著作权总量达到1000项。

(4)示范应用。率先在公共安全、医疗保健、生产与物流、大气环境监控等领域启动示范应用工程建设,力争5年内在智能城市、智能生活、智能"两化"、智能环境监控等四类试点示范领域内实施示范应用工程50项以上,为物联网技术标准化和大规模推广应用创造条件[①]。

杭州将重点推进智能城市试点示范工程、智能生活试点示范工程、智能"两化"试点示范工程、智能环境监测试点示范工程等四类试点示范项目;着力拓展先进传感器及无线传感器网络领域,网络传输、数据储存与分析决策领域,物联网系统集成及标准化推广领域,关键支撑领域等四大重点产业领域;全力突破物联网节点与短距离无线传输技术,网络传输、大容量数据存储及智能分析处理技术,物联网应用系统集成关键软硬件技术等三大核心关键技术;积极构建物联网网络基础平台、物联网技术创新支撑平台、物联网信息和中介服务平台三大产业公共平台。

(三)杭州物联网产业的发展特色

作为十大重点产业之一,杭州在产业布局、试点示范、核心产业、关键技术以及公共平台建设方面取得关键性突破,形成了物联网产业的发展特色。

1."一网三区"物联网产业发展格局

杭州依据现有产业发展基础和企业分布状况,坚持规模化、集聚化、协同化发展,以杭州高新技术开发区(滨江)和余杭仓前创新基地为核心区,其他主城区及萧山、余杭(除仓前创新基地之外)、杭州经济技术开发区、钱江经济开发区、江东工业园区、临江工业园区构成协同发展支撑区,以及临安、桐庐、建德和淳安等四县(市)构成拓展区,构建覆盖全市、产业链完整、配套完备的物联网产业网络,形成具有杭州特色的"一网三区"物联网产业发展格局。

(1)核心区:高新区、余杭仓前区块。

高新区以现有物联网企业为基础,结合"两强两优两新"产业发展战略,依托拥有国家电子信息产业基地、国家软件产业基地、国家集成电路设计产业基地、杭州信息产业国家高技术产业基地等国家级产业基地的发展优势,不断汇

① 杭州市十大产业发展研究报告。

聚高端发展要素，努力打造融合技术研发、设计、生产、制造、产业化应用于一体的国家级物联网创新示范区，争取成为引领杭州乃至全省物联网产业发展的重要增长极。区域内重点打造杭州市物联网产业园（高新区块）和杭州市物联网孵化园，力争从产业链和产业化应用两个方面协同推进物联网产业发展。

余杭仓前区块以浙江（杭州）海外高层次人才创新园（简称海创园）建设为契机，以余杭仓前创新基地现有物联网相关产业为基础，吸引海内外高层次创新人才，鼓励企业与国内外物联网领域优质研究院所和高校开展多种形式的产学研合作，着重发展面向物联网的软件产业、系统集成应用服务业、关键传感元器件和终端设备设计制造业，力争打造杭州物联网产业的西部创新基地。

（2）支撑区：城区及杭州经济技术开发区、钱江经济开发区等区块。

充分发现城区（除高新区外）及杭州经济技术开发区、钱江经济开发区等优势，以物联网特色园区建设为抓手，以龙头企业为核心，引进物联网相关企业、研究机构以及中介组织，与其他物联网产业集聚区形成密切交流与合作，积极实施物联网试点示范项目，支撑和推动杭州物联网产业发展。

①西湖区：围绕“一街两带六园”高新技术产业发展格局，积极推进“园中园”、科技孵化器以及科技楼宇建设。

②下城区：利用城区内优越的通信网络、商务环境和旅游资源，推进“3G武林”项目。以下城区电子商务产业园为发展平台，发展芯片设计制造、软件集成、物联网技术集成与应用等物联网产业。

③上城区：建设中科院上海微系统与信息技术研究所来杭设立的中科院杭州射频识别技术研发中心，培育一批监测传感元器件制造、系统集成开发以及系统运营维护企业。

④余杭区（除仓前创新基地之外）：加强与香港科技大学的战略合作，围绕产业共性问题、技术标准化、产业化应用等开展集中攻关研究。

⑤杭州经济技术开发区：推进区域内物联网企业与高校之间的产学研合作，打造产学研合作示范园区。

⑥利用萧山经济技术开发区、钱江经济开发区的电子信息产业发展基础，引导企业高端切入传感、监测元器件生产、制造领域，加强产业配套能力，带动上下游电子信息企业积极投身物联网产业。

（3）拓展区：其他四县（市）。

坚持协作化、差异化、优势化发展原则，支持四县（市）加强与核心区和支撑区在示范应用和产业化发展领域的分工协作，积极融入全市物联网产业发展。支持临安以科技城为平台，引导企业拓展在智能电网领域的经营业务。支持富阳打造银湖物联网产业园。鼓励各县(市)利用“两化”融合以及“数字城市”“生活品质之城”建设来深入推进的契机，不断开拓物联网试点示范项目，在工业控制、农产品与名特优产品溯源、现代物流、智能电网、森林生态安全监测等领域，利用各自优势进行重点推进。

(4)三区联动：形成物联网产业化推进网络。

杭州明确三大区域发展重点及功能定位，突出发挥高新区作为核心区的辐射带动作用，加强支撑区的支撑配套作用，引导其他县(市)发挥各自优势，形成特色鲜明、优势互补、融通合作的物联网产业化推进网络。

2.“智慧中国·智能杭州”4433工程

杭州通过政策支撑、创新驱动，积极实施“智慧中国·智能杭州”4433工程，重点推进四类试点示范项目、着力拓宽四层次重点产业领域、全力突破三大核心关键技术、积极构建三大产业公共平台、积极创造和拓展有效应用市场、抢占和攻克关键技术制高点、打造和完善物联网产业链。

(1)重点推进四类试点示范项目。

杭州以服务“数字城市”和“生活品质之城”建设为落脚点，围绕改善民生、惠及百姓、构建和谐社会等关键主题，采取政府与企业合作共建、政府购买服务、企业自主建设与政府奖励等多种形式，积极推行涵盖城乡管理、百姓生活、工业信息化、生态环境监测等领域的试点示范项目。通过试点示范项目，构建产品、技术与市场之间的桥梁，拓展物联网技术应用市场，壮大物联网产业、完善技术标准体系，打造物联网技术与城市发展有机融合的智慧城市综合体，打响“智慧中国·智能杭州”城市品牌。

四类试点示范项目分别是：

①智能城市试点示范工程。

以打造数字城市、智能城市为目标，将物联网技术逐步渗透融入城市运营、管理的各个环节，重点围绕交通、城乡管理、公共安全等领域，抓紧实施智能交通、智能城乡管理、智能公共安全、智能旅游、建筑节能等试点示范工程，抢占产业化应用的主动权。

②智能生活试点示范工程。

围绕改善生活、方便百姓的目标，推动物联网技术融入百姓日常生活的多个领域。优先选择智能家居、智能社区、智能医疗保健等领域开展试点示范工程。

③智能“两化”试点示范工程。

以提升企业精细化管理水平、促进节能降耗为主要切入点，不断推动物联网技术在工业领域的运用。重点推进智能电网、智能物流、安全生产与节能降耗以及食品安全溯源等试点示范项目。

④智能环境监控试点示范工程。

围绕生态监测、保护，将无线传感器网络技术、地理信息技术等运用到无人维护、条件恶劣的生态环境监测中，在无须人工干预的条件下实现生态监测、数据存储与交互，提高生态监测实时性、可靠性，扩大生态监测范围。重点推进水资源、大气环境监测，地下管网监测和森林生态安全监测试点示范项目。

(2)着力提升四大重点产业领域。

杭州坚持市场导向、企业主体、政府推动，结合物联网感知层、网络层和应用层三层网络构架体系，不断完善物联网产业发展区域创新体系，高端切入、把握关键，积极抢先占据物联网产业制高点，带动物联网产业链体系协同发展。

四大重点产业领域包括：

①先进传感器及无线传感器网络领域。

围绕物联网感知层关键技术，抢先发展先进传感器、无线传感器网络及智能终端设备制造产业，提升物联网感知层信息获取能力，抢占物联网产业发展制高点。

②网络传输、数据存储与分析决策领域。

围绕物联网网络层数据传输、存储、处理以及控制等环节，优化提升大容量数据传输、存储和分析处理软硬件产业，培育物联网网络关键设备制造及服务企业。

③物联网系统集成及标准化推广领域。

围绕物联网应用层关键技术，立足已有产业基础，把握技术和市场发展趋势，探寻适宜商业模式，创新发展物联网系统集成产业。

④关键支撑领域。

围绕物联网产业链体系建设，培育和孵化一批支撑物联网技术产业化应用开发的集成电路、计算机与通信设备、电子元器件、仪器仪表、纳米新材料、新能源等相关企业，鼓励企业积极开发物联网产业化应用所需的支撑技术和关键产品、设备，巩固物联网产业发展的基础。

(3)全力突破三大核心关键技术。

加强核心技术的自主研发和产业化是杭州物联网产业快速发展的关键,也是产业政策扶持的着力点。杭州应立足现有技术优势,加强产学研合作,充分借助优势企业、大专院校、科研院所的科研实力和研究基础,通过政府扶持、引导,开展核心关键技术研究,着力突破产业发展关键制约瓶颈,努力掌握核心知识产权,迅速占领物联网产业发展的高端环节。

三大核心关键技术是:

①物联网节点与短距离无线传输技术。

重点围绕关键传感元器件、短距离无线传输技术,开展技术攻关,着力突破物联网感知层技术制约瓶颈。

②网络传输、大容量数据存储及智能分析处理技术。

围绕物联网网络层超大容量数据存储与高效智能数据聚合、挖掘、分析技术开展研发,抢占物联网网络层关键技术制高点。

③物联网应用系统集成关键软硬件技术。

加强面向特定应用领域的嵌入式操作系统及中间件开发与产业化,推进系统解决方案标准化;加强各层次数据接口信息交互的标准化研究;加大应用管理、服务软件以及信息服务平台技术的开发力度,推动物联网技术应用快速发展;鼓励商业模式创新,大力开发面向特定应用领域的物联网增值服务技术及相关业务。

(4)积极构建三大产业公共平台。

发挥已有基础优势,着力搭建网络基础、技术、资源等虚实结合的产业公共平台,支撑全市物联网产业发展。

三大产业公共平台涵盖:

①物联网网络基础平台。

构建"1+3"基础网络平台,推进"三网融合"建设,充分发挥中国移动、中国联通、中国电信的资源整合优势,鼓励开展物联网技术应用业务。

②物联网技术创新支撑平台。

组建中国电科(杭州)物联网研究院。整合多方优势资源,加强物联网领域的科研、生产制造和产业化应用,积极主导和参加标准制定,推进技术产业化以及执行重大试点示范项目,支撑杭州物联网产业发展。

③物联网信息和中介服务平台。

通过物联网技术交流中心,推进省内物联网技术交流合作,积极对接国家物联网标准联合会工作组，推动企业参与跨区域物联网示范应用项目。筹建物联网技术（产品）认证测试中心，为物联网企业提供技术标准认证、系统测试、产品检测等服务，提升物联网技术产品的环境适应性。

表 3　杭州物联网公共平台建设

序号	平台名称	承担单位
1	“1＋3”基础网络平台	华数数字电视传媒集团、中国移动、中国电信、中国联通
2	物联网信息中心	网络运营商、骨干企业、研究机构等
3	中国电科（杭州）物联网研究院	中国电子科技集团公司
4	中科院杭州射频识别技术研发中心	中科院上海微系统与信息技术研究所
5	港科大物联网应用技术研究推广中心	香港科技大学先进制造研究所
6	南邮杭州三维无线与物联网研究院	南京邮电大学、三维通信有限公司、余杭仓前创新基地
7	物联网技术交流中心	网络运营商、骨干企业、研究机构等
8	物联网技术（产品）认证测试中心	研究机构、骨干企业等

（三）杭州物联网产业的发展瓶颈

现实生活中已可见物联网的具体应用，如远程防盗、高速公路不停车收费、智能图书馆、远程电力抄表等。目前物联网仅是雏形，还未形成一个庞大的网络，其发展仍有众多问题需解决。从课题调研中得知，国内其他城市物联网发展存在的共性问题也是杭州企业的发展瓶颈，杭州物联网发展还存在以下四大困惑：

1. 产业标准缺失

任何产业没有一个既定的标准都很难取得突破性的发展。物联网作为一种概念导入阶段的新兴技术，标准体系的缺失大大制约着物联网技术的发展和产品的规模化应用。至今，在全世界范围内都没有统一的标准体系。目前，国际上投入物联网标准研究的组织有欧洲电信标准研究所、国际电信联盟、国际标准化组织、国际电工委员会等，研究处于架构分析、需求分析阶段。相对于物联网发展和应用的需求，标准体系的制定仍显滞后。我国在 UHF 频段标准制定方面发展缓慢，虽然国家已经为 UHF 规划了两个频段，但标签数据编码体系、中间件和系统集成技术、数据共享体制和测试平台等标准问题尚未完全解决。RFID产品在不同企业应用中，无论是在频率、编码、存储规则等方面，都因缺乏可以遵循的统一标准而不尽相同，导致读写器和标签间不能通用，从而影响企业与企业、企业与行业之间的交流和合作，很大程度上阻碍了物联网技术的产业化发展。因而，标准体系的建立将成为发展物联网产业的先决条件，如果能够在标准格局定型之前，杭州的部分物联网企业参与标准的制定，无疑是抢占物联网产业发展制高点难得的历史机遇。

2. 设备成本高昂

目前，我国传感器行业发展仍然落后，国内对传感器的需求，尤其是高端需求严重依赖进口，国产化缺口巨大，传感器进口占比80%。因为传感设备的价格成本高，所以很难形成大规模的应用。要实现物联网，必须在所有物品中嵌入电子标签等存储体，并需安装众多读取设备和庞大的信息处理系统，需要大量传感设备投入，在传感器成本尚未降至能普及的前提下，物联网的发展将受到限制。同时，成本太高，应用压力大，成本压得太低，制造业又失去利润，企业容易处于成本控制被动的局面。而由于物联网没有大规模的应用，电子标签和读写器的成本问题的解决便始终没有达到人们的预期，传感设备价格高昂，滞碍了物联网在各行业的应用。如何突破设备成本壁垒是打开物联网应用市场的首要问题。

3. 横向整合困难

从网络结构上分析，物联网实质上就是通过现有网络（主要是互联网）将众多RFID应用系统连接起来，并在广域网范围内对物品身份进行识别的分布式系统。以RFID为例，无论是在交通、出入控制、电子支付还是在物流和铁路等领域，其都是属于行业系统内部和企业内部的闭环应用，而物联网则要求实现开环系统的应用。物联网涉及多个行业，产品多元、产业链复杂，各行各业对物联网的需要程度，对物联网的接受程度还存在很大差异，各行各业对物联网的认识还没有到位，大家把物联网看得非常神秘，都没有把自己的工作和信息化、移动通信及物联网有机地结合起来。物联网产业，存在着各自为战，产业分散等问题。目前国内物联网的产业联盟是分散的，不是价值链分工，而是提供端到端方案的厂商，大部分是小厂商，并且绝大多数都宣称自己能够提供端到端的方案，是松散的。作为一个新兴产业，如何整合这些产业，作为产品集成商提出整体解决方案，为用户创造价值，较为困难。此外，通信技术协议众多，如何有效整合各种协议或进行有效兼容，成为物联网开发及应用过程中不能绕过的一个问题。

4. 市场应用程度偏低

物联网的一些相关应用已经出现产品，但产业体系仍未培育完整，实际应用的产品非常少，现有应用数量仍不足以带动产业快速发展，部分领域应用技术水平与工程化程度较低，一些深层次问题仍没有得到解决，市场风险仍然较大。当前阶段，物联网的发展主要以政府和大型企业投资拉动为主，通过在需求紧迫和相关行业典型应用如交通监控、机场安全等领域中以推动的方式，实现物联网的典型应用。另外，物联网产业化必然需要芯片商、传感设备商、系统解决方案厂商、移动运营商等上下游厂商的通力配合，而在各方利益机制及商业模式尚未成形的背景下，物联网普及过程仍相当漫长。

三、国内外物联网产业发展的经验借鉴

物联网作为新兴的高科技产业，被许多国家和地区作为重要的发展方向。

（一）国外物联网发展趋势及主要战略

面对广阔的市场空间和物联网发展的各种制约因素，各发达国家和地区为在该行业中脱颖而出，成为引领全球的先行者，均提出了各自的物联网发展战略（如表 4 所示）。

表 4　美、欧、日、韩物联网发展战略和计划

国家/地区	物联网发展战略或计划	发布时间
美国	智慧地球	2009-01
欧盟	欧洲物联网行动计划	2009-06
日本	i-Japan 战略：2015	2009-08
韩国	韩国物联网基础设施构建基本规划	2009-10

资料来源：卢涛、尤安军：《美欧日韩等国物联网产业的发展战略及其对我国的启示》，《科技进步与对策》2012 年 2 月

1. 美国的“智慧地球”战略

美国有着较长的物联网发展历史，不论在基础设施、技术水平，还是在整

个产业链的发展程度上，都走在世界前列，其趋于完美的通信网络为其物联网的发展创造了良好的先机。

2008 年，IBM 公司公布了“智慧地球”战略，提出将实现智能基础设施与物理基础设施的全面融合，实现 IT 业与各行业的深度融合，从而用科学和智慧的方式对自然系统和社会系统实施管理。奥巴马就任美国总统后，于 2009 年 1 月 28 日与美国工商业领袖举行了“圆桌会议”，IBM 首席执行官彭明盛提出了“智慧地球”计划，建议新政府投资新一代的智慧型基础设施，并阐明了其短期和长期效益。奥巴马对此给予了积极的回应：“经济刺激资金将会投入智能宽带网络等新兴技术，毫无疑问，这将是美国在 21 世纪保持和夺回竞争优势的方式。”

“智慧地球”战略能够带来长短兼顾的良好效益。为刺激短期经济增长，创造大量的就业岗位，政府将投资诸如智能铁路、智能高速公路、智能电网等基础设施。新一代的智能基础设施将为未来的科技创新开拓巨大的市场空间，提高对有限资源与环境的利用率，有助于资源和环境保护，有利于增强国家的长期竞争力。

2. 欧盟的“欧洲物联网行动计划”

欧洲各国一直梦想建立一个大欧洲，从总体来说，欧洲已经是通信行业的龙头，其主导的世界第四代通信标准是未来互联网的制高点。发展物联网将成为欧洲扩大这一优势的绝好机遇。在美国“智慧地球”战略的刺激和推动下，2009 年 6 月，欧盟发布了物联网发展战略《欧盟物联网行动计划》，主要包括管理、隐私及数据保护、“芯片沉默”的权利、潜在危险、关键资源、标准化、研究、公私介作、创新、管理机制、国际对话、环境问题、统计数据和进展监督等 14 项内容，描绘了物联网技术应用的前景，将各种物品如书籍、汽车、家用电器甚至食品连接到网络中，确保欧洲在构建下一代智能化新型互联网络的过程中起到主导作用；并且提出要加强欧盟政府对物联网的管理，逐步消除物联网发展的障碍。通过此项行动计划能使欧洲在物联网的变革中获益，同时也将面临一定的挑战，如隐私问题、安全问题以及个人信息保护问题。2010 年，欧盟又推出了《数字议程》计划，在追求实现可持续的经济效益和社会效益的目标下，通过高速和超高速互联网的相互作用和推动广泛应用于市场。

3. 日本的“i-Japan 战略:2015”

2009 年 8 月,日本继“e-Japan”(电子日本)之后提出了更新版本的国家信息化战略:“i-Japan 战略:2015”,其要点是大力发展创新型电子政府和电子地方自治体,推动医疗、健康和教育的智能化。日本政府希望通过“i-Japan”战略,开拓支持日本中长期经济发展的新产业,大力发展以绿色信息技术为代表的环境技术和智能交通系统等重大项目。

4. 韩国“物联网基础设施构建基本规划”

2009 年 10 月,韩国在 2006 年确立“u-Korea”战略的基础上,更新了其最新的信息产业发展战略,发布了“物联网基础设施构建基本规划”,将物联网产业确定为韩国经济发展新的增长动力。该规划树立了到 2012 年“通过构建世界最先进的物联网基础设施,打造未来广播通信融合领域超一流信息与通信技术(ICT)强国”的目标,并为实现这一目标确定了构建物联网基础设施、发展物联网服务、研发物联网技术、营造物联网扩展环境四大领域的 12 项详细任务。

(二)国内主要城市物联网发展经验借鉴

根据工信部发布的《物联网“十二五”发展规划》,我国物联网产业的战略部署可以归纳为三点:通过国家立项引导科研机构和高校攻克物联网关键技术,并且制订物联网标准,争夺物联网产业的国际话语权;鼓励地方政府提供资金土地和优惠政策,支持物联网产业的发展;支持三大移动运营商和大中型国企率先开展大规模的物联网行业应用,形成资源整合和示范效应。由于发展物联网产业需要强大的信息产业基础作为支撑,目前国内将物联网产业作为优先发展领域的重点一线城市,基本都为信息产业强市。本文选取了无锡、北京、深圳、上海等城市,梳理了这些城市物联网的发展动态和相关政策,以借鉴他们先进的发展经验。

1. 北京:科研实力首屈一指,聚焦城市管理应用

北京物联网技术研发及标准化优势明显,重点企业业务领域涉及物联网体系各架构层,在核心芯片研发、关键零部件及模组制造、整机生产、系统集成以及软件设计等领域已经形成较为完整的产业链。目前,北京已在城市交通、市政市容管理、水务、环保、园林绿化、食品安全等多个领域实现了自动化的监测和管理。北京物联网产业发展重在应用，主要聚焦在城市应急管理、社会安全、物流、市政市容管理应用、环境监测监管、水资源管理、安全生产监管、节能减排检测监管、医疗卫生及农产品和产品监管等领域。北京着力建设的物联网应用示范工程包括首都城市应急管理物联网示范工程、城市安全运行和应急管理物联网应用辅助决策系统工程、北京市物联网应用支撑平台工程、轨道交通安全防范物联网应用示范工程等。

2. 上海：产业技术基础雄厚，应用示范全面推开

上海是国内物联网技术和应用的主要发源地之一，在技术研发和产业化应用方面具有一定基础。特别是在推广应用方面，防入侵传感网防护系统已在上海机场成功应用，基于物联网技术的电子围栏已在世博园区安装，实现了智能安防。上海市将先进传感器、核心控制芯片、短距离无线通信技术、组网和协同处理、系统集成和开放性平台技术、海量数据管理和挖掘等物联网技术作为物联网产业中重点发展领域。上海正积极推进10个方面的应用示范工程，通过示范工程探索完善的运作模式，形成长效运作机制，将上海打造成国家物联网应用示范城市。10个方面包括：智能电网、智能交通、环境监测、智能安防、物流管理、楼宇节能管理、智能医疗、精准控制农业、世博园区以及应用示范区和产业基地。上海发展物联网产业的总体思路是开放发展、动态规划，应用先行、加快示范，技术支撑、标准跟上，推动高端、规模发展。

3. 深圳：产业创新活力强劲，抢先发展产业高端

深圳已经形成通信设备、数字视听产品、计算机以及软件四大产业的聚集，并形成了较强的竞争力和上下游产业配套能力。战略性新兴产业发展快速，相继出台了物联网、互联网等新兴产业发展规划和产业政策。深圳计划着力打造涵盖物联网产业的电子信息6条产业链；加强物联网关键技术的攻关和应用；建设物联网传感信息网络平台、物联网信息交换平台和应用资源共享服务平台；加大城市物联网传感网络建设与整合力度；促进物联网在工业领域的应用。深圳将应用物联网技术建设智慧交通、智慧物流、智慧电网、智慧水务、智慧生活等一系列实用性强、经济效益高、社会效益明显的应用示范工程。

4. 无锡：传感产业实力强大，产业集聚加速发展

无锡的集成电路、智能计算、无线通信、传感器、软件和信息服务业等支撑产业基础较好，初步形成了以新区、滨湖区、南长区为重点的产业聚集区。无锡规划重点培育和发展物联网核心产业、支撑产业和带动产业三大重点产业领域。面向重点领域，全力推广物联网应用。采取引进、合作、培育等方式，建立健全物联网技术创新和产业发展所需的各级各类服务平台。通过优化人才、资本、政策和服务环境，加快集聚物联网企业。无锡计划在感知电力、感知交通、感知环保、感知医疗、感知水利、感知工业、感知农业、感知物流、感知家居、感知安保、感知园区等领域大力打造一批应用示范工程，并加快行业和领域的信息化进程。

（三）杭州物联网产业发展的经验启示

国内各主要城市已经将物联网发展作为其未来的重要支柱产业，作为具有该产业发展良好基础的杭州，对战略与目标与其他城市一样重视，杭州注重发挥自身优势，坚持自身特色，提出切实可行的发展思路。总体思路：努力构建创新机构带动企业和科研机构突破物联网核心技术，政府领导并规划实施物联网在各个行业的示范工程，以此促进杭州市整个物联网产业的市场应用。

同时，杭州按照新兴产业发展的基本模式，坚持以行业为主、重点切入、有效投入、规模效应的发展策略，并坚持网络建设、技术应用、产业发展“三位一体”的杭州独特的发展模式。政府从市场、产业环境等层面入手，技术层面一般以企业为主推进，以核心产业、关键技术、公共平台协同突破，进一步完善物联网产业体系，将杭州市打造成为国内领先、世界一流的综合性物联网技术应用城市和产业化应用好、专业化水平强、市场化程度高、辐射带动面广的物联网经济强市。

1. 拓展市场，开创商业模式创新

一个新兴产业的崛起需要有良好的政策导向，也要有推广和对外合作的平台。物联网产业处于早期发展阶段，缺乏完整的技术标准体系和成熟清晰的商业发展模式，需要较长的时间才能找到稳定和有利可图的商业模式，探索商业模式创新是物联网产业发展的基本条件。

2. 构建通道，实现产业互通互联

物联网所需要的自动控制、信息传感、射频识别等上游技术和产业都早已

成熟或基本成熟,下游的应用也早已以单体的形式存在。物联网产业的发展要以应用为先,并嵌入到其他产业里共同发展,加强横向联系,实现跨专业、跨行业的联动。因而要构建一个好的通道,真正方便终端用户的使用,实现产业间的互联互通是物联网成功的重要保证。

3. 整合产业链,促进产业间融合

借助杭州当前在物联网产业应用研发上所具有的同发优势,从应用的角度去思考,继续从核心技术上寻求突破,有效利用国内市场自身的力量去开启庞大的物联网应用市场,在这场竞争中实现跨越式发展,并通过自身的高技术能力和强大的品牌优势占据物联网产业链中附加值较高的环节。

物联网产业未来发展的关键是在一些领域的具体应用,只要能够应用起来,技术、市场、人才都会因此而集中。

四、推进杭州物联网产业发展的对策

如果从时间纬度考量,物联网发展的速度取决于国家宏观政策的取向和政策支持的力度,技术的进展,产业链的形成、协同和壮大,否则其将是一个十分漫长的、自生自灭的随机过程。从空间维度看,物联网的渗透广度和深度取决于能否为社会与个人生活带来文明的进步及有价值的变化,能否妥善解决社会和公众对于安全与私有性的关注问题。否则只能受限于少数专业化行业市场应用,如政务监管、交通、教育、电力、医疗、制造、环境、安全等,不大可能成为人们所期望的无所不包的巨大公共市场。①

作为全国物联网技术研发和产业化应用研究的先行地区之一,杭州已形成一定的领先优势。推进物联网产业发展是一项十分复杂的系统工程,从整体来看,杭州物联网产业还存在一些问题和困难,比如规模化应用不足制约了产业形成、核心关键技术突破和标准化等问题。为了加快物联网产业发展和规模化应用,本课题组于 2011 年 10 月—2012 年 5 月期间,走访了杭州多家物联网企业,对企业家进行了深入访谈,初步了解并梳理了物联网企业发展的意愿、能力、面临的困境与政策诉求,借鉴发达国家物联网发展的路径,提出了推进杭州物联网产业发展的对策。

---

① 中国电信集团公司科技委主任韦乐平在 2011 年中国无线网络融合大会上的讲话。

（一）加大物联网应用技术推广力度

加大物联网应用推广力度，要结合杭州物联网发展的实际和特点，加大政府引导力度，加强物联网、信息化技术和产品在公共事业、公共服务领域中的应用，加快推进物联网由“科研”向“应用”转化，让本地市民和外来游客在杭州感受无处不在的物联网应用。

1. 创造物联网的市场需求

物联网是一种集成应用型新技术，目前正处于技术突破期，迫切需要运用市场机制进行应用与推广。然而，对于大多数人来说，物联网还是一个新事物。人们对物联网的内涵、功能以及它会如何改变自己的生活，不甚了解。在这种情况下，人们很难产生对物联网的强烈需求，这在很大程度上阻碍了物联网服务业的发展。有效改变这种状况，一方面需要采用人们容易理解、接受和参与的方式，如展览教育、培训教育、实验教育等，大力普及物联网的基本知识，让人们了解物联网、接受物联网服务；另一方面，应合理挖掘客户需求，既要挖掘客户的产品需求、服务需求、体验需求、关系需求和成功需求，又要注意物联网的需求传递，通过市场方式把客户相关需求传递到物联网基础技术开发、物联网制造业等各环节。

2. 创新物联网的商业模式

只有创新物联网项目的投融资模式和商业运行模式，才能帮助物联网应用单位解决面临的实际难题，使物联网技术得到充分应用和推广普及，才能让物联网相关企业获取利润，从而为大众提供更好的产品和服务。为此，应积极探索和建立多方参与、互利共赢的投融资模式和商业运作模式，实现物联网应用单位与相关部门的多方共赢。这种多方共赢的商业模式，就是努力让参与物联网建设的各个环节都从中受益，获得相应的商业回报。同时需要注意的是，在物联网服务业发展的不同阶段，应根据具体情况创造不同的商业模式。

3. 促进物联网的供需平衡

物联网产业发展的核心是应用，物联网的应用又必须和具体的行业需求相结合，而这些行业有不同的需求，分属于小规模的细分市场，提供的可能是单一的产品和服务，这就造成细分市场之间的通用性和复制性较差，其应用需求在很大程度上是分散的，呈现出碎片化特征。而从物联网的产业链来看，其主要包括芯片与技术提供商、应用与软件提供商、系统集成商、电信运营商、运营及服务商、用户等环节。但由于行业之间存在较大壁垒，导致产业链分割，严重影响了物联网市场规模及其经济性。为了实现跨行业合作，促进物联网发展，必须依赖产业链上下游各环节厂商的通力配合，形成多方共赢的利益机制及商业模式。其中，整合物联网产业上下游资源，形成规模化供给成为当务之急。只有促进行业需求与物联网规模化供给的有效平衡，物联网的市场前景才会越来越好。

4. 促进技术与市场的互动

从技术的角度而言，物联网产业链可以细分为标识、感知、处理和信息传送四个环节，每个环节的关键技术分别为射频识别（RFID）、传感器、智能芯片和电信运营商的无线传输网络，并且在物联网的各个环节上都可以提供多种技术选择。但由于掌握的物联网核心技术还不多，造成了许多核心部件如高端的 RFID 传感器，多数都要靠进口，由此带来的成本问题就阻碍了物联网产业的发展。另外，物联网技术的不确定性也会引发技术标准、商业模式、产业组织形态等一系列问题。而从市场的角度而言，物联网的应用需求因涉及多个行业和应用领域而变得比较复杂，同时又与许多产业链主体密切相关，造成各个环节之间合作的难度比较大。但是，随着政策的大力支持和引导，随着相关领域技术的进一步发展和突破、客户认知度的逐步提高，物联网技术在工业、农业、电力、建筑、交通、物流、环保、医疗、安保、家居等众多领域逐步得到推广和运用，由此实现物联网技术和市场的相互促进，打破物联网的技术壁垒，实现物联网的协同发展。

（二）重点推进物联网核心园区建设

产业集群是杭州工业的重要特色与优势，也是杭州经济保持领先增长的主要原因之一。自 20 世纪 80 年代中期以来，杭州产业集群异军突起，以产业集群为基础的工业基地逐步从弱到强，集聚效应得到充分发挥，产业层次得到有效提升。产业集群已是杭州工业最主要的载体，对工业竞争力的提升起到了关键性作用。因而，要做大做强物联网产业，重点在于推进物联网核心园区建设。

1. 培育园区市场主体

目前，物联网产业链中的相关企业是物联网设计、创新和服务的主体。面对新的形势，应采取有效方式培育市场主体，促使相关企业向集成、集聚、集群的方向发展，不断发展壮大物联网服务业。一是深入研究推动企业集成发展的有效机制，把相关企业组织起来，提高其对国内外市场竞争的敏感度，使其能够稳定占有并逐步扩大市场份额。二是深入研究企业集聚和产业集聚的有效方法。企业集聚可以通过分享基础设施、公共服务和产品，更好地发挥规模效应；而产业集聚则可以在获得竞争优势的同时加快创新步伐。三是深入研究促使企业向集群发展的有效途径。物联网产业的集群发展，有利于降低成本、刺激创新、提高效率，从而提升区域竞争力，形成集群竞争力。

2. 优化园区市场环境

创造良好的市场环境，对于推动物联网服务业快速、健康、持续发展至关重要。为此，应尽快制定和完善相关法律法规，为物联网服务业发展提供法律保障；做好物联网发展整体规划，引导企业有序发展；及时出台扶持物联网服务业发展的投融资政策和措施，引导社会资金投入物联网服务业；对骨干企业进行政策性支持，促使企业加大对关键技术的研发力度，形成核心专利产品，降低专利成本；围绕物联网技术、标准、应用示范等做好推广工作。

（三）加强物联网公共服务平台建设

公共服务平台是物联网的核心，通过平台物联网信息服务，形成以运营商为核心的物联网信息传输交换、智能通道和以龙头企业为物联网应用服务核心的双核心公共服务环境，同时赋予物联网必须附加的运营商的全网络、全业务的非联网产品和服务。为加快推动物联网产业链的快速发展，形成资源共享、优势互补的物联网产业公共服务体系，我们建议，统一规划，整合资源，发挥政府配置资源的优势，围绕企业技术创新需求，建设集研发、中试、小批量生产和测试于一体的物联网产学研合作、成果转化、信息共享、政策咨询、市场推介、知识产权、人才培训、综合配套等功能齐全的公共服务平台。

1. 搭建共性技术信息平台

从系统应用的角度出发，建设面向物联网应用的系统测试平台、验证检测平台，建设共性技术工具库和解决方案库。将中心作为公共服务的载体，延伸公共服务资源。

2. 建立物联网人才培训服务平台

结合国家信息技术紧缺的人才培养工程，从物联网课程体系建设、物联网师资体系建设、物联网培训实训基地建设、物联网人才服务体系建设四大方面开展工作，开发一批高端课程、培育一批高端讲师、建设一批实训基地、培养一批实战人才。高校、企业联合加快开发物联网方面的课程，建立物联网人才培训服务体系。

3. 建立物联网知识产权公共服务平台

从产业的知识产权战略规划、关键领域知识产权分析、关键领域知识产权预警三个方面开展工作，形成若干数据库，为企业提供物联网知识产权公共服务。

4. 建立决策支撑公共服务平台

从战略研究的角度出发，构建物联网产业发展的战略研究体系，为政府决策、产业布局、企业创新，提供前瞻性、战略性、全局性的理论依据和决策支撑。

5. 搭建银企资金供需服务平台

充分发挥政府的引导、协调作用，有效引导金融机构增加对物联网产业的信贷资金投入，加强银企之间的相互沟通，建立协调发展和良性互动的银企关系。鼓励和引导在示范区内设立物联网产业投资基金、企业发展担保资金、投资发展风险补偿基金等。

6. 建立杭州物联网品牌推广公共平台

重点构建物联网系统解决方案高端品牌和推广应用品牌，通过博览会、高峰论坛、供需见面会、推广网站等方式做好物联网相关产品和系统解决方案的推广，有效提升杭州物联网品牌形象。

（四）鼓励企业加强核心技术的创新

对于物联网企业来讲，要不断尝试创新跨行业、跨领域的合作运营，拓展新市场、发掘新价值。走产业融合化、产业生态化发展道路。

1. 精心培育物联网企业

组建物联网研究院，帮助改造传统产业建立以芯片设计、制造和封装、传感器制造、读写机具、软件/中间件、系统集成、网络服务、内容服务、物联网技术应用等为主要内容的物联网产业链结构。在申报国家创新基金、信息化专项基金、集成电路专项基金、技改项目基金及国家重大产业化项目基金等方面给予优先支持。加强招商引资，争取更多的传感项目落户杭州。整合扶持资金，集中力量资助技术创新、技术装备更新和技术改造的企业，有效实现扶持目的。引入风险投资，加快培育中小企业。政府还可以通过构筑物联网产业发展的公共服务平台来帮助企业加快核心技术研发，保持核心技术的领先优势。

2. 培养企业家的创新精神

政府和企业是推进物联网发展的两种不同力量。从根本上说，企业是产业发展的主体，离开了这一微观基础，产业发展便成了无源之水、无本之木。仅靠政府的意愿是不够的，必须激发企业的积极性。一个企业能否进行创新以实现技术领先，这与企业家的技术战略抱负及领导素质紧密相关。在强调单纯的财政资助或税收优惠之外，不应忽视企业创新文化和企业家精神的培养与激励。因此，应当尽快构建合理的物联网企业人才选拔机制和继续教育体制，培养物联网企业经营者自主创新的精神，设置激活物联网企业成长的激励政策，完善研发机能的配套政策，将政策扶持的重点放在技术创新、品牌创新、管理创新和集约发展、规模发展、科学发展上，从而实现杭州物联网产业发展的重大突破。

3. 突破物联网的行业壁垒

物联网产业要继续发展，相关企业要生存，不能只靠政策扶持，更重要的是要找到市场，只有解决了谁为应用买单的问题，物联网才能实现可持续发展。物联网的产业链结构随应用主题而变，不同的主题有不同的产业链组成体系。物联网有很多应用的领域，形成各自产业链集群特点。在构建物联网产业链时，最需要的是突破行业壁垒问题。和传统工业模式不同，物联网是用信息化改造传统工业的，这就意味着要破除这种行业的纵向壁垒，建立新的管理体系和生产流程。

（五）重视物联网人才的培养和引进

物联网是新兴的高新技术产业，对人才有高度的依赖性，有必要积极培养和引进行业人才。同时，还应创造条件吸引海外留学人员归国工作，使他们更好地发挥自己的聪明才智，为发展物联网产业做出应有的贡献。

1. 注重人才的引进培养

在高校中增设与物联网技术和应用、物联网工程等相关的专业，培养更多的物联网研发和应用的高层次人才。杭州市政府可以适当加大有关物联网教育经费的投入，改革教育体制，大力培养创新人才。对于现有的物联网研发人员，有必要加强培训力度，不断拓宽研发人员的知识领域，改善知识结构。重视产学研的合作，建立合理的互惠机制，形成科研院所和创新企业间人才与资金的良性循环，有效地在第一时间把技术成果转化成生产力。

2. 完善人才的激励机制

物联网产业需要领军型、高端技术的人才。在物联网人才引进方面，杭州还没有发挥出人才集聚效应。由于投资者追求的目标、管理者的素质能力等方面存在问题，高素质的人才难留、难招，物联网企业急需的人才高度缺乏，这导致企业缺乏自主创新的人才基础。企业为了降低成本，不愿使用高技能、高水平的技术工人，员工素质普遍较低，劳动力技能低下，产业缺乏发展后劲。为了改善这种状况，必须建立一整套完善的高科技人才的引进、培养、使用、评价和激励机制。鼓励科技人员以成果、专利入股，把企业技术创新的风险与经营者和职工的利益挂钩，充分调动和激发科研人员的智慧与创新潜力。

3. 重视人才的安居乐业

发展物联网产业需要更多地依靠工程师、设计师等专业技术人员，政府如何保障他们不被高房价所挤压而离开，如何让城市成为一座宜居久居的创造力之城是杭州面临的实际问题。提供保障留住人才，使人才在杭州安心工作、安居乐业。杭州市应该扩大经济适用房的受惠对象，建立一批人才公寓解决人才的住房问题，并将其纳入房地产开发和土地规划中。同时，可根据工作年限、所在企业对杭州市经济所做贡献的大小等条件，使其享受一定的租房或购房补贴。

总之，物联网的实现将是一个涉及信息技术、管理体系、应用模式、社会观念等多方协调、合作的过程，是一个由点带面逐步突破、推进的过程。为了促进杭州物联网产业的快速发展，需要打破思维模式惯性，建立合作，以竞争优势促发展。在市场需求方面，需要加强安全体系建设、客户隐私保护、商业模式推广，政府加大基础设施投资等；在技术研发方面加强标准建设、核心技术及应用研发等；在部门协同合作方面需要加强产业链整合、运营模式建设。

杭州建设跨境电子商务综合试验区的实践

“一带一路”战略，是党中央为应对全球经济形势的深刻变化、统筹国内国际两个大局做出的重大战略决策，对推进我国新一轮对外开放及与沿线国家共同发展具有十分重要的意义。杭州作为“一带一路”上重要的节点城市，同时也是全国唯一的跨境电子商务综合试验区（简称跨境电商综试区），正积极发挥优势，主动参与“一带一路”建设。

跨境电子商务（简称跨境电商）指的是属于不同境内的交易主体，通过电子商务平台达成交易、进行支付结算，并通过跨境物流送达货物、完成交易的一种国际商务活动。跨境电子商务被视作“网上丝路”，其克服信息沟通障碍和快速起步的特点使其有望成为推进“一带一路”战略布局的突破口和切入点。有了跨境电子商务这一“互联网＋外贸”的新业态，“一带一路”就不再是一个普通的地理概念，而是一个由沿线数十亿消费者、零售商、制造商、服务商和投资者组成的，正在持续生长与“进化”的网络经济体。

杭州跨境电商综试区是服务国家“一带一路”战略、建设“网上丝路”始发地的重大基础工程。

一、跨境电子商务的潜在价值

2014 年 3 月，李克强总理在政府工作报告中提到，要从战略高度推动出口升级，增加国内短缺产品进口，扩大跨境电子商务试点，鼓励电子商务创新发展。跨境电子商务正催生新的外贸实力，释放更多的潜在价值。

（一）跨境电商带来价格红利

据统计，目前我国日均出国旅游人数每年增长 15%以上，人们出国主要目的之一就是购物。早在 2013 年，我国消费者出国购物总额已达 1000 亿美金，我国正从一个制造大国向消费大国演进，消费者购买海外商品的热情日益高涨。相比传统销售渠道，跨境电子商务的中间环节减少，价格优势非常明显。据天猫国际披露，在亚马逊卖80美金的剃须刀，在国内要卖1288元人民币；在美国官网卖498美金的一款包，在中国要卖6200元人民币。其实中间的关税只占了价格非常小的部分，巨大的价差主要在品牌商的议价部分。在没有其他品牌与之竞争，而中国消费者又愿意为高消费买单的情况下，品牌商就会把商品的价格大大拉高，而通过跨境电子商务平台，消费者就能以更合适的价格买到优质的海外商品。如一袋美国大坚果，出厂价近100元，美国当地零售价为110元左右，消费者通过代购却需要花费190元，而通过杭州出口加工区发货出售的价格为120元。跨境电子商务给消费者带来实实在在的价格红利。

（二）跨境电商创造贸易机会

跨境电子商务呈现出传统国际贸易所不具备的新特征：直接化、小批量。跨境电子商务通过电子商务交易与服务平台，实现多国企业之间、企业与最终消费者之间的直接交易。传统国际贸易中，无论是买方还是卖方，由于市场信息的不对称，为寻找合适的贸易伙伴，必须付出极高的代价，而在跨境电子商务的贸易方式下，数字化界面的信息反馈更加直观、更加及时，商品信息更加透明，极大地缓解了市场信息不对称的现状。跨境电子商务平台能够把国外的商品推荐给广大的消费者，同时也可以利用这个平台将我国的优秀产品推荐到国外去，真正实现“全球买、全球卖”，从而创造更多的贸易机会。由于跨境电子商务能实现单个企业之间或单个企业与单个消费者之间的交易，单笔订单大多是小批量，甚至是单件。相对于传统贸易而言，跨境电子商务属于“小批量”业务，但可以让企业获得长尾效应，即能够将市场中那些边缘的、零散的需求收集起来，从而给企业带来意想不到的收益。

（三）跨境电商缩短贸易流程

电子商务较之传统商务模式的优势在于信息流、物流、资金流利用的高效性和便捷性。一件商品从国内工厂生产出来后，直接销售给海外的零售商甚至是终端消费者，与传统国际贸易相比，减少中间环节，节约时间，降低成本并提高了效率。线下店铺和跨境电子商务的商品存在较大的价格差，其原因是线下店铺的进口商品，通常经历了一个很长的供应链，供应链的每一个环节都会被收取相应的费用，最终是由消费者来买单。跨境电子商务是将境外的商品与消费者直接联系起来，缩短了供应链，价格自然下降。在传统的外贸程序中，货物出关采取集中申报制，哪怕是一只玻璃杯也是按照单货物计算，成本很高。在创新跨境电子商务模式监管的背景下，贸易流程大大减少，如在中国（杭州）跨境贸易电子商务产业园内，跨境贸易可先出关，后续再将一段时间内的出口总数向海关申报；宁波出入境奶粉检测需20多天，现缩短为1天就可以审单放行。

（四）跨境电商促进企业升级

当前，制造行业正在加速洗牌和变革，外贸摩擦越来越频繁，传统外贸方式的边际效益越来越少。依赖传统销售、买家需求封闭、订单周期长、汇率风险高、利润空间低等固有的外贸模式制约了国内中小企业的发展，让中小企业不得不挖掘从成本优势到创新优势中的各种潜力。出口企业通过跨境电子商务平台直接进入其他国家的市场，可以快速获得进口国的市场反馈信息，有助于企业主动根据进口国市场消费需求调整产品，转变被动研发和陈旧的生产方式，更好地参与市场竞争。另外，企业直接参与市场竞争有助于建立品牌意识，创造更多的原创品牌，从而推动企业的升级。越来越多的国内中小企业商户认识到跨境电商带来的广阔市场空间以及更丰厚的利润，开始着手实施从传统的“线下外贸”向“在线外贸电子商务”的商务模式转变。跨境电子商务将微经济植入外贸，开启了新型的外贸时代。政府重塑通关规则，也为企业发展提供了有利机遇，大量传统外贸工厂、企业、本土品牌商正在蓄势进入跨境电子商务，越来越多具有开拓精神的中小企业正在利用跨境电子商务发展出口业务，从而在整体不利的传统外贸环境中实现逆势增长。

二、跨境电商综试区的设立

杭州跨境电商综试区立足于以互联网思维、全球化视角来推进顶层设计，发挥信息基础设施互联互通和电子商务的双重便利优势。

（一）跨境电商的发展方兴未艾

2012年2月，国家发改委、海关总署等八部委联合发布《关于促进电子商务健康快速发展有关工作的通知》，两次组织创建电子商务示范城市，第一批确定了郑州、上海、宁波、重庆、杭州五个跨境贸易电子商务服务试点城市，随后广州、苏州、银川等城市纷纷申请试点。跨境电子商务之所以如此“热”，从一组数据中可以看到跨境电子商务的“蓝海”机遇：全球在线支付平台 PayPal 发布《中国中小企业跨境电子商务出口报告》显示，中国内地已成为继美国、英国之后排名第三的跨境网购目的地；商务部发布的《中国电子商务发展报告(2013)》指出，2013 年中国电子商务交易额突破 10 万亿元人民币，同比增长 26.8%，其中网络零售额超过 1.85 万亿元人民币，同比增长 41.2%，2014 年中国跨境网络零售交易额达 4492 亿元，同比增长 44%。

从进口业务角度来说，由于“海淘＋代购”的跨境电子商务 1.0 模式存在缺陷，而国内对各类国外产品的消费量日趋加大，发展跨境电子商务进口零售业务成为趋势；从出口业务来说，传统的外贸业务亟须转型，于是便渐渐地由 B2B(第二个 B 指的是大型批发商)发展至 B2b(第二个 b 指的是小型批发商)，最终朝着 B2C 转型。

目前，国内通过各类平台开展跨境电子商务业务的外贸企业已超过 20 万家，平台企业超过 5000 家。可以说，不管是在国家宏观战略层面，还是在微观主体企业层面，超高速发展的跨境电子商务等新型贸易业态，正在成为我国对外贸易的新趋势，形成新的经济增长点和发展新动力。

（二）跨境电商发展的最大壁垒

跨境电子商务是传统电子商务边界的延伸与突围，关键点是跨境。尽管互联网的信息流动畅通无阻，然而，货物的自由流动仍然受到国界的限制，进出口货物需要通关，这是一个国家框架下的行为准则，也是跨境电子商务发展的最大壁垒。

目前我国的跨境电子商务主要有两种模式：一是 B2B 模式，即境内外企业或公司之间通过使用电子商务平台发布供需信息，订购产品、信息或服务，成交、支付多在线下完成，货物的运输，单证或票据的传送等仍然按照传统贸易模式来实现；二是 B2C 模式，即境内外企业或公司直接与终端消费者之间的电子商务，多采取在线支付方式，物流方面主要采用国际快件、空运等方式，其报关主体主要是快递公司或邮政企业，单证或票据上大多未纳入海关登记。

作为电子商务进步的阶梯，跨境电子商务的复杂程度远远大于传统电子商务，从操作流程而言，需要优化、整合海关的一整套通关管理系统，包括推进跨境电子商务出口“清单核放、汇总申报”监管模式，解决跨境电子商务零售出口退税、结汇、专项统计等问题，还需要对网购性质认定、货物/行邮两套税制的协调整合、限值限量规定以及综合治理模式进行总体设计。

（三）跨境电商综试区的杭州优势①

作为“中国电子商务之都”的杭州积极响应中央政策，加快本市跨境电子商务的发展建设，不断探索扩大出口规模，初步实现信息流、物流、资金流“三流合一”，基本解决出口的通关难、结汇难、退税难等瓶颈问题，为跨境电商综试区的实现奠定基石。

1. 产业集聚优势独特

杭州拥有全球最大的B2B跨境电子商务平台“阿里巴巴”、全国最大的B2C交易出口平台“速卖通”、全国最大的网络支付平台“支付宝”、全国首个智能物流骨干网络“菜鸟”、全国首家B2C进口大型平台“天猫国际”等全国1/3以上综合性电商网站，具备电子商务全产业链集聚发展的独特优势。

2. 先行先试成就明显

杭州作为全国首批5个跨境贸易电子商务服务试点城市之一，率先开展跨境电子商务进出口业务双试点，率先建立“清单核放、汇总申报”通关模式，初步建立海关、国检、税务、外管、电商、物流、银行等数据交换平台，初步实现长三角区域通关一体化。

3. 综合配套条件优越

杭州拥有出口加工区、保税物流中心等海关特殊监管区，拥有萧山国际机场航空口岸，拥有“四通一达”等大型民营快递公司，拥有全国首家网络银行——浙江网商银行，拥有国家电子商务产品质量风险监测中心和电子商务产品质量12365投诉举报处置指挥中心，是中国软件名城、国家电子信息产业基地、全国下一代互联网示范试点城市、全国电子商务示范城市，拥有发达的信息产业、金融产业、物流产业及各类线下园区。

4. 网商网货资源丰富

杭州所处的浙江乃至长三角经济圈，“块状经济”特色明显，专业化市场发达，中小微企业数量众多，为综合试验区建设提供了近距离、丰富的网货网商

---

① 参考：杭州市政府网 http://www.hangzhou.gov.cn/。

资源。2014年杭州实现网络零售额2088.45亿元,占全省37.08%,占全国网络零售额的比重达7.5%,共计完成B2C跨境零售出口贸易额1782万美元,进口累计验收清单104.26万票,进口货值2.2亿元,出口1亿元。

(四)跨境电商综试区的杭州使命

坐拥交易平台、金融支付、快递物流、信用认证、海关监管、质量管理、技术支撑等电子商务全产业链集聚发展的良好生态,作为跨境电子商务业务覆盖最全、业务规模发展最快、监管创新模式最优、产业集聚效应最强的试点城市,2015年3月国务院批复,杭州设立跨境电子商务综合试验区。

国务院在批复中提出,杭州跨境电子商务综合试验区要着力在多方面先行先试,包括跨境电子商务交易、支付、物流、通关、退税、结汇等环节的技术标准、业务流程、监管模式,以及信息化建设等方面。需要破解跨境电子商务发展中的深层次矛盾和体制性难题,逐步形成一套适应和引领全球跨境电子商务发展的管理制度和规则,为推动全国跨境电子商务健康发展提供可复制、可推广的经验。

同时,杭州还肩负探索"网上丝路"的使命,为推动形成"一带一路"线上线下新格局做出应有贡献。

三、跨境电商综试区的生动实践

跨境电商综试区设立不到半年时间,杭州发布了《中国(杭州)跨境电子商务综合试验区实施方案》,正式上线"单一窗口"平台,在下城、下沙和空港设立跨境电子商务综合园区,不断进行先行先试,实现"网上丝路"的互融互惠。

(一)跨境电商综试区的宏大愿景[①]

1.发展目标

杭州将经过3—5年的改革试验,力争把综试区建设成以"线上集成+跨境贸易+综合服务"为主要特征,以"物流通关渠道+单一窗口信息系统+金融增值服务"为核心竞争力,"关""税""汇""检""商""物""融"一体化,线上"单

① 参考杭州市政府网 http://www.hangzhou.gov.cn/。

一窗口”平台和线下“综合园区”平台相结合，投资贸易便利、监管服务高效、法制环境规范的全国跨境电子商务创业创新中心、跨境电子商务服务中心和跨境电子商务大数据中心。

2. 主要任务

建立以信息为基础、以信用为核心、以技术为支撑的跨境电子商务新型监管服务模式，实现跨境电子商务自由化、便利化、规范化发展。其实现路径为：掌握信息数据→交易真实背景→电商信用体系→简化监管流程→优化综合服务。即通过构建“六体系两平台”（信息共享体系、金融服务体系、智能物流体系、电商信用体系、统计监测体系和风险防控体系，以及线上“单一窗口”平台和线下“综合园区”平台），实现跨境电子商务信息流、资金流、货物流“三流合一”，建立以真实交易为基础的电商信用评价体系，对企业或商品进行分类分级监管，并依托大数据分析运用，提供金融、物流等供应链综合服务。

3. 创新举措

适应新型商业模式发展的要求，着重围绕制度创新、管理创新、服务创新，在“建立跨境电子商务新型监管制度、建立‘单一窗口’综合监管服务平台、创新跨境电子商务金融服务、创新跨境电子商务物流服务、创新跨境电子商务信用管理、建立跨境电子商务统计监测体系、制定跨境电子商务规则、推进跨境电子商务园区建设和创新电子商务人才发展机制”等九个方面实现新突破，推动跨境电子商务自由化、便利化、规范化发展。

（二）跨境电商综试区的空间布局

“放一池活水，让更多鱼来游”，杭州沿用平台的思维，以跨境电商综试区为中心，采用线上“单一窗口”平台和线下“综合园区”平台相结合的方式，再造跨境电子商务之都。杭州设立了下城、下沙和空港三大跨境电子商务产业园（表1所示），三大“综合园区”平台均属于线下海关集中监管区域。

1. 下城园区

杭州下城园区是全国首个进入实单运作的跨境电子商务园，全国首个解决通关难、退税难、结汇难的园区，全国首个探索成功跨境小包出口业务的园区，全国首个获得国务院、海关总署、商务部认可并作为范本进行推广的园区。

产业园占地4万平方米，已吸引了阿里巴巴、全麦、顺丰、圆通、邮政EMS等企业入驻。

2. 下沙园区

杭州下沙园区是全国首批集“网购保税”与“海外直邮”进口全业务于一体的跨境电子商务试点区，一期占地面积160亩，综合业务量位居全国前茅。目前园区陆续吸引了一大批跨境电子商务企业入驻，跨境电子商务产业链不断完善，形成了以天猫国际、苏宁易购为代表的跨境电子商务平台，以考拉网、银泰网为代表的跨境垂直电商及以菜鸟网络和EMS等为代表的跨境服务电商企业。而且，来自美国、英国等18个国家和地区的158家海外电商完成了备案并启动业务。

3. 空港园区

空港园区一期规划5平方公里，依托浙江电子口岸信息化平台，通过与电商、物流、支付企业数据的对接，海关实现了对跨境电子商务全过程的监管。通过无纸化通关、电子智能卡口等海关改革举措，园区内的进口商品一般半小时内就可以办结通关、纳税手续。同时，海关将根据园区跨境电子商务实际运行中发现的问题，进一步优化监管通关流程，积极发挥杭州保税物流中心邮件分拨等功能优势，实现监管服务线上线下融合，积极打造具有“空港”特色的综合性跨境电子商务样板区。目前已吸引京东、顺丰、洋码头、缔品等20余家境内外知名电商、物流企业入驻。

表1 杭州三大跨境电子商务综合园区

综合园区	开园时间	业务模式	政策优势
下城跨境电子商务产业园	2013.7.8	直邮进口＋一般出口	快速通关、规范结汇①、出口退税②、海外直购③
下沙经济技术开发区跨境电子商务产业园	2014.5.7	直邮进口＋一般出口	快速通关、地方扶持、保税进口④、直邮进口⑤

① 规范结汇：企业出口收汇收入，按照相关规定，可通过银行办理结汇。

② 出口退税：充分享受国家出口退税政策，扩大企业经营空间。

③ 海外直购：商品直接从境外寄至消费者，减少流通环节，增强时效性。

④ 保税进口：商家提前备货保税仓库，减少物流成本和流通环节，增强时效性。

⑤ 直邮进口：商品直接从境外寄至消费者，减少流通环节，到达园区快速通关，增强时效性。

续 表

综合园区	开园时间	业务模式	政策优势
空港经济区跨境电子商务产业园	2015.2.9	直邮进口＋保税进口＋一般出口	快速通关①、地方扶持②

资料来源：杭州市政府网 http://www.hangzhou.gov.cn/

（三）跨境电商综试区的政策引领

跨境电子商务为杭州带来了综试区先行先试的机遇，构建了打造国际电子商务中心的重要平台，成为杭州引领新常态、再造新优势的战略选择。与此同时，在政府与企业之间，战略与政策之间架起便捷、有效的桥梁，形成共同合力成为关键因素。

1. 组建跨境电商顶级智库

中国（杭州）跨境电商综试区研究院设立于浙江大学。研究院的目标是打造跨境电子商务领域国内顶尖、世界知名的高端智库，为杭州跨境电商综试区政策体制创新、为中国对外贸易方式转型、为全球跨境电子商务规则制定提供智力支撑和科学依据。按照计划与设想，研究院的主要任务是决策咨询、学术研究、人才培养和品牌宣传。围绕这四大任务，研究院拟启动建立全球跨境电子商务专门数据库、举办全球跨境电子商务高端论坛、发布“全球跨境电子商务指数”、发布《全球跨境电子商务发展蓝皮书》、编印《中国跨境电子商务决策咨询报告》等工程项目。

2. 成立跨境电子商务协会

为引导企业参与综试区建设搭建平台，畅通渠道，2015 年 8 月 28 日杭州成立跨境电子商务协会。协会由网易（杭州）网络有限公司、阿里巴巴（中国）有限公司、浙江网盛生意宝股份有限公司、浙江电子口岸有限公司、浙江点库电子商务有限公司等 5 家企业共同发起成立，是接受杭州市商务委员会（杭州市粮食局）和杭州市民间组织管理局监督和管理的非营利性社会团体。协会

① 快速通关：在海关总署统一部署下，利用信息化手段优化海关、国检、国税、外管、电商企业、物流企业等之间的流程，让企业享受“一站式”的物流通关服务。

② 地方扶持：实行“快速通关、便捷服务、有效监管”等管理服务的新举措，打造“开发兼容、功能完备、智能运营、规范健康”的公共服务平台。

将以“沟通、服务、自律、创新”为宗旨，搭建政府与行业、行业与企业及企业间的沟通平台，协助政府部门对跨境电子商务行业进行管理，为会员做好联络、协调、服务、宣传、培训和信息交流等工作，促进跨境电子商务创新发展和对外贸易的转型升级。目前，协会已有200多个会员单位，覆盖了整个跨境电子商务产业生态链，涵盖了跨境电子商务企业、传统外贸企业、跨境电子商务服务商、跨境电子商务产业园区、相关行业协会以及研究机构和其他促进跨境电子商务发展的单位和个人。

3. 开展跨境电商宣传推介

当前，杭州正在加速向全国宣传推介跨境电商综试区。2015年8月5日，首场2015中国(杭州)跨境电子商务综合试验区推介会在北京召开，杭州向在场企业家发出邀请——到杭州综试区大显身手、创业创新，杭州综试区将提供一流的公共服务，加快推进跨境电子商务自由化、便利化、规范化发展。推介会受到了在京跨境电子商务企业的热捧，蜜芽宝贝国际业务总经理表示，蜜芽宝贝在跨境进口商品上具有单量大、品类多而分散的特点，比较看重杭州综试区在通关、物流、结汇方面的创新举措，将会与杭州综试区进一步对接。阿里、京东、敦煌、网易、聚美优品、雅娜购、中国检验认证集团、燕文物流、蜜芽、华润、嘉里大通物流、富士康、建设银行等100多家机构参加推介会，并正与杭州综试区进行深度对接。

4. 加强跨境电商诉调工作

随着杭州开放型经济不断发展和跨境电商综试区建设的推进，涉外案件将越来越多，并呈现出多样化和复杂性的特点。据统计，2014年全市涉外商事收案1039件，同比增加了24%，且保持增长态势。为此，2015年3月，杭州市中级人民法院在成立电子商务诉讼指导中心后，又与中国贸促会杭州调解中心携手开展“诉调衔接”工作，聘请32位在涉外经济、贸易、金融、知识产权等方面有丰富经验的法律工作者作为调解员，以低成本、更轻松的方式维护当事人的合法权益。杭州加强跨境电子商务的诉调衔接工作，是适应跨境电子商务发展新形势的迫切需要，也是推进综试区建设的重要法治保障举措。

5. 细化跨境电商扶持政策

杭州各区县(市)致力于细化扶持政策，积极培育跨境电子商务，成就跨境电子商务最适宜的生态环境，如余杭区正在拟定扶持跨境电子商务发展的相关奖励和优惠政策。在物流方面，余杭对跨境电子商务企业年销售收入达到20万美元，使用邮政小包等快递公司跨境寄送商品的企业，按照物流费30%进行补贴，最高可达到30万元。同时，对采用B2B和B2C方式销售的企业，境外仓储和物流费用，按照50%予以补贴，最高可以达到30万元；对于委托代运营公司进行跨境电子商务业务的传统企业，年销售额达到20万美元以上，资金托管服务费给予5%的补贴，最高不超过10万元；优质跨境电子商务项目可享受余杭区产业引导基金扶持，规模是20亿元人民币；对区域内企业入驻知名的B2B平台，开展B2B业务的，对于入驻平台给予一定的支持。小中型的跨境电子商务企业，可享受三年孵化期免费政策；相对成熟的跨境电子商务项目，可享受两免一减半的租金优惠；对于大企业或上市企业，还特别准备了落户土地。

（四）跨境电商综试区的初步成效

杭州跨境电商综试区设立以来，取得新的成效，主要体现在四个方面：

1. 落实一批创新举措

杭州下发《关于推进跨境电子商务发展的通知（试行）》，出台了7个方面19条扶持政策，跨境电子商务首批78条“创新清单”有44条落地，有力推进跨境电子商务企业的发展。杭州正加快完善跨境电子商务发展促进体系，研究出台促进跨境电子商务发展的实施意见、发展规划和扶持政策，加快推动跨境电子商务规模的扩大和质量的提升，培育若干跨境电子商务产业园和一批知名品牌电商企业，促进实体和“虚拟”两个市场的互动发展。

2. 上线“单一窗口”平台

以往，跨境电子商务要逐个去对接海关、检验检疫、外管、国税、工商、物流、金融等部门，现在只要登录“单一窗口”线上平台，点点鼠标，一次性提交标准化的相关单证和信息，就能完成跨境电子商务进出口监管部门的相关业务需求，做到“一次申报、一次查验、一次放行”，实现了“信息互换、监管互认、执法互助”，企业从下单到收到包裹的时间可以缩短一半。

有了全国首创的跨境电子商务领域的“单一窗口”，随着跨境电子商务信息流、资金流、货物流“三流合一”，汇聚到平台中，信息共享、金融服务、智能物流、电商信用、统计监测和风险防控体系的构建也成为可能，线下“综合园区”

也进入了快速扩张期，逐步形成综试区的“电子围网”，打造线上线下融合发展的“网上丝路”也有了实现的载体。

3. 启动 B2B 大贸推进工作

现在“单一窗口”的业务主要是 B2C，杭州召开了区县（市）推进跨境电子商务 B2B 专题会议，制定了工作实施方案。萧山区率先与阿里巴巴对接，开出萧山 B2B 企业专区，大规模试行 B2B。

4. 引进一批产业链企业

杭州已引进京东、富士康、顺丰等 117 家企业，正在洽谈的项目还有 100 多个，综试区的集聚效应正在显现，对杭州加快建设完整的跨境电子商务产业链和生态链必将起到积极推动作用。

综试区的建设，让杭州站在了“网上丝路”的风口。杭州的数千家外贸企业，也将借这条全新的“网上丝路”连接世界，开辟转型发展的新天地。

四、跨境电商综试区的未来展望

杭州正按照“互联网＋外贸”先行者、示范者、领跑者的要求，敢于先行先试，积极打造跨境电子商务生态圈。

（一）突出发展 B2B 大贸

在传统贸易中，国内企业长期以来作为“生产车间”处于国际分工、产业链条的低端，产品大多以贴牌的形式出现在国际市场。企业迫切需要通过跨境电子商务平台，将自主品牌直接推荐给最终消费者，所以，发展 B2B 大贸，能助推“中国制造”更好更快地走出国门、参与国际竞争。但 B2B 大贸不是简单地从线下转移到线上，而是要通过新的方式、新的手段、新的模式来促进外贸方式发展的转变。杭州已经制定了推进跨境电子商务 B2B 工作《实施方案》，明确工作目标：对实力较强的企业特别是传统外贸相关企业，鼓励引导它们自建跨境电子商务平台，积极探索新型业态，加快实现转型发展；对现有的各类跨境电子商务平台，鼓励引导更好地提供综合性服务，帮助推动外贸相关企业包括制造企业迅速上线经营、拓展国际市场、争取新的订单；在巩固拓展 B2C 业务的基础上，致力发展 B2B 大贸。

（二）突出政府制度创新

综试区建设是国家战略，国家赋予杭州的任务就是要提供可复制可推广的经验。杭州正继续围绕推进跨境电子商务便利化、自由化、规范化的核心任务，主动提出问题，又积极探求解决问题的措施建议，不断推动综试区在制度创新上取得新进展，解决各种深层次矛盾和体制性难题。一是加强对国家"一带一路"战略的研究，主动与"一带一路"的制度设计和制度创新对接，力争在更高层面、更宽视野中谋划制度创新，提出对策建议，打造"网上丝路"，服务国家战略。二是加强与国务院办公厅、商务部等相关部委沟通对接，及时汇报综试区建设推进过程中的新情况、新问题，积极争取新的政策支持。

（三）突出优化电商服务

为新型业态提供精准服务是政府部门的天职，是综试区成功的保障。一要完善工作机制。全市都要不断强化国家战略意识、强化重大机遇意识，按照综试区《实施方案》，分解任务、落实责任；不断推进各部门数据与"单一窗口"平台的对接，推动电子围网合围；建立区级统筹协调机制，落实工作。二要发扬优良作风。杭州发扬"马上就办""钉钉子"等优良作风，倡导"店小二"式的服务，为企业提供精准化、个性化的服务。如杭州相关部门全面走访排名前100家和后100家的外贸企业，通过上门走访等方式，发现共性问题，提出具体对策。

全球电商看中国，中国电商看杭州。前十年，杭州凭借着快人一步的灵敏嗅觉、开拓创新的灵活头脑一跃而成为"中国电子商务之都"，引起全球瞩目；后十年，以电子商务与物流、金融融合发展为显著特征的新型全球贸易方式"跨境电子商务"将完全崛起，杭州也将剑指"国际电子商务中心"。

杭州作为"网上丝路"的始发地，是"一带一路"忠实的开拓者与践行者。中国（杭州）跨境电子商务综合试验区的建设，使中国与世界的关联更为密切，使我们的生活与国际更加融合。

加快杭州现代服务业集聚区发展研究

随着经济全球化和信息技术的发展，现代服务业在社会经济发展中的作用日益突出，其发展程度已成为衡量一个城市现代化水平和综合实力的重要标志。集聚是经济增长的驱动力，现代服务业集聚区是以某一服务产业为核心，由相关服务产业相配套，通过合理布局和有效开发，将相关产业链中互相联系的各类服务企业集聚在一起，共享资源、协调发展，实现服务业的集聚化、园区化，是服务业发展的重要载体。服务业集聚区已成为城市经济发展的重要动力。

杭州自2009年深入实施"服务业优先的发展战略"以来，以"提升总量，优化结构，完善布局"为重点，不断提高产业集聚度，服务业已经成为杭州市第一大产业。随着中央商务区、创意产业园、科技创业园、软件园、现代物流园等服务业集聚区的相继建立，集聚区在服务经济中的比例越发提高，辐射力和影响力日益增大。

政策是产业发展的重要变量，如何进一步加快杭州市服务业发展步伐，更有力地推动服务业集聚区的发展，有效的政策支持是不可或缺的重要条件。本文在国内外经济界和理论界研究成果的基础上，结合杭州服务业集聚区的发展实际，对杭州服务业集聚区展开调研，对杭州服务业集聚区发展中面临的一些突出的政策问题进行研究，力求找出服务业集聚区发展的瓶颈和症结所在，为杭州制定服务业发展政策提供参考建议。

一、服务业集聚发展研究综述

学者Naresh和Gary认为，不同的服务业集聚模式具有不同的特点和集聚机制，政府在制定服务业集聚发展的政策时应充分考虑这些不同，并对服务业集聚模式进行准确的分析和判断，在此基础上设立符合服务业集聚发展的政策。Stourper和Walker认为，根据服务业集聚演化所处的不同周期，服务业集聚的布局也会呈现出不同的特点。一般而言，服务业的集聚演化过程可以分为导入期、成长期、成熟期、饱和期和衰退期，当产业周期进入成熟期时，产业布局在空间上的扩散则逐渐显现。Naresh，Gary 和 Swann 对英国金融业集聚区的演化周期的研究表明，随着集聚区进入成熟期，集聚区内企业的拥挤和饱和状况逐渐限制了企业的发展，加大了企业的成本，此时空间上的扩散成为企业降低成本、寻求自身发展的必然选择，由此导致集聚区逐渐走向衰退。

服务业集聚区的政策支持一直是政府部门和理论界关注的重要问题。高运盛（2008）利用丰富的案例对上海生产性服务业集聚区的发展模式进行了分析，提出“政府引导、市场定位、民间运营”的运作模式，即以培育创新型现代服务业企业、制造业企业辅助部门外置化、公共服务部门市场化等方式来培育现代服务业集聚区。周彪（2011）结合杭州服务业集聚区发展的实际，利用杭州服务业集聚指标测度、服务业集聚模式、服务业集聚竞争力三个主要维度对杭州市服务业集聚状况进行了研究，并提出相关的对策和建议。王礼光（2013）对郑州市服务业发展政策进行了研究，提出了放宽市场准入、健全投融资体制、加强用地保障、税费减免优惠、鼓励主辅业分离、加大财政投入、扩大对外开放等政策措施意见，有助于推动郑州市服务业工作的提速、提质、提升。

不可否认，服务业集聚区是一个城市中极为重要的经济增长点，如生产性服务业集聚区的发展能够促进整个经济系统更有效率地运行，是整个经济运行系统中的润滑剂；金融保险、咨询等知识服务集聚区，占据了产业链的上端，辐射范围广，是一个城市综合竞争力的突出体现。

杭州服务业集聚区的发展已经取得质的飞跃，下一步正面临着如何进一步优化发展。从政策支持的视角考量服务业集聚区的发展是一个全新的角度，有利于从更深层次上把握杭州服务业集聚区发展的规律和本质，并提出更好的对策和建议以促进杭州服务业集聚区的发展。

二、服务业集聚发展模式分析

城市服务业集聚区发展模式，主要包括商贸流通服务业集聚区、现代物流业集聚区、文化休闲旅游区、专业化市场和汽车服务业集聚区等五种产业型的发展模式和生活性的邻里中心发展模式。[1]

---

① 陈曦，吕斌. 中小城市服务业集聚区发展模式研究[J]. 经济地理，2014(4).

（一）商贸流通服务业集聚区发展模式

商贸流通服务业集聚区多以市场为基础，逐步提升规模档次，规范经营活动，优化交通环境，拓宽服务领域，整合空间资源，以商贸流通业为主导，带动住宿餐饮业、现代物流业、金融业，甚至文化产业、旅游业、会展业等相关服务业蓬勃发展，实现城市发展和繁荣。城市传统商业区因商业、商务服务基础和优越的区位条件而成为较好选择（图1）。

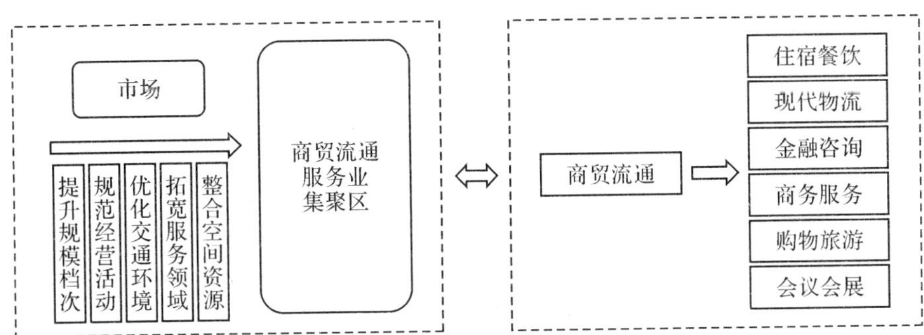

图1　商贸流通服务业集聚区发展模式

（二）现代物流业集聚区发展模式

以采矿业、制造业、商贸流通业、交通运输业等为产业基础，以物流园区建设为主要形态，充分利用区位和交通优势，形成社会化加工、配送、分拣、包装、仓储、运输、货代、信息等的集中区域，并通过完善基础设施建设，提升服务质量和效率，不断扩大服务半径和辐射范围。现代物流业集聚已可以与商贸服务业集聚区或交通枢纽服务业集聚区结合发展（图2）。

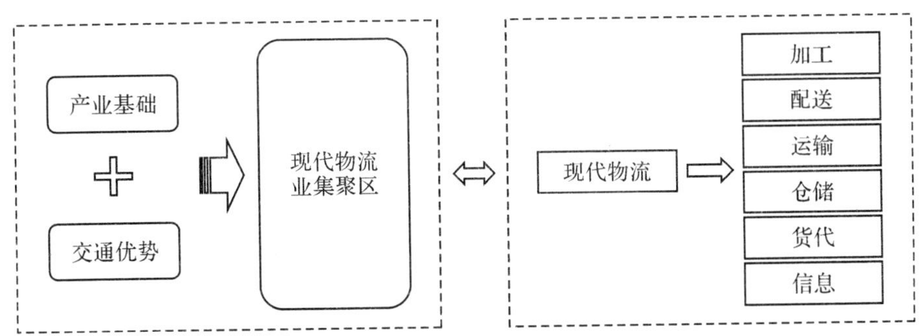

图2　现代物流业集聚区发展模式

（三）文化休闲旅游区发展模式

深度挖掘生态环境、地方景观和文化资源，准确定位，适度开发。在大力发展旅游业的同时，完善餐饮、住宿、娱乐、休闲等服务配套设施，加强交通、通讯、水电等基础设施建设，发展商务、会议、培训、会展、度假、养生等相关产业，通过系统规划和综合开发，形成服务业集聚区，促进旅游业自身可持续发展，带动社会经济共同繁荣（图 3）。

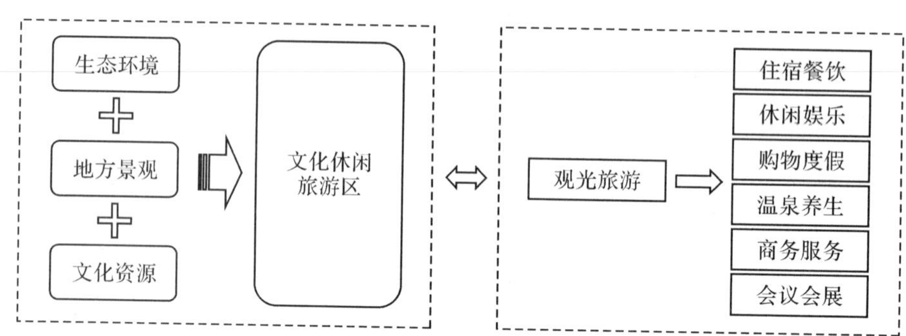

图 3　文化休闲旅游区发展模式

（四）专业化市场发展模式

依托一种或几种地方特色产品，从专业化市场建设起步，在扩建经营场所，完善配套设施的同时，以市场为基础延长产业链，适时发展从开采、加工、设计，到零售、批发、展示等多个环节，并通过政策扶持、宣传推介和服务配套等途径，强化市场经营和管理的软环境建设，协调推动专业化市场向综合型服务业集聚区跨越式转型（图 4）。

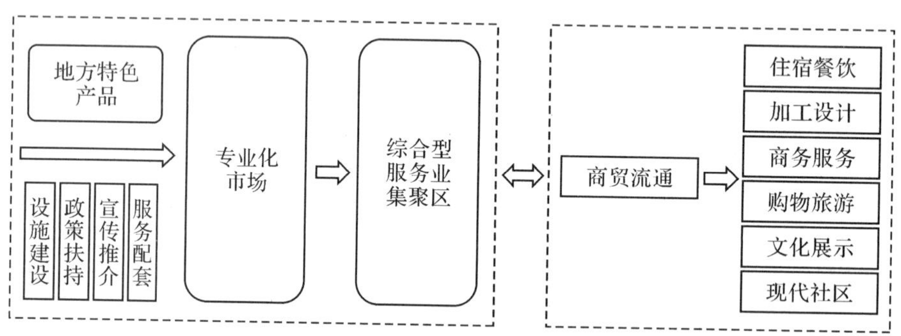

图 4　专业化市场发展模式

（五）汽车服务业集聚区发展模式

基于现实市场条件和市场基础，协调周边地区汽车服务业发展情势，以集聚区的形式集中发展整车销售、新车展示、零配件供应、保养维修、汽车租赁、二手车交易、金融保险、装饰美容、文化传播、驾驶培训、运动休闲等汽车服务业，推广“4S”特许经营模式，倡导一站式服务，打造区域现代汽车服务业基地，为周边城市和农村地区提供服务（图 5）。

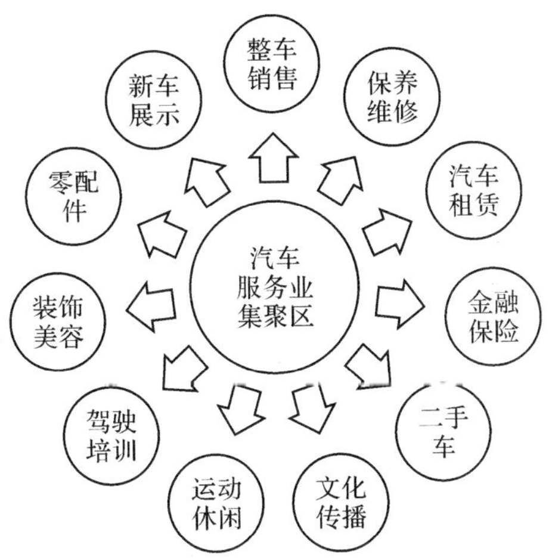

图 5　汽车服务业集聚区发展模式

（六）邻里中心发展模式

在人口相对集聚的社区内，以“邻里”和“人本”为精神内核，以 1 千米左右为服务半径，配备相应的商业和生活服务设施，集购物、餐饮、休闲、社交、金融、邮政、医疗、民政、生活服务和文化娱乐等功能于一体，形成独立于住宅的、具有一定规模的现代生活消费空间，既适用于新城或新区的社区规划，也适用于老城传统社区的升级改造（图 6）。

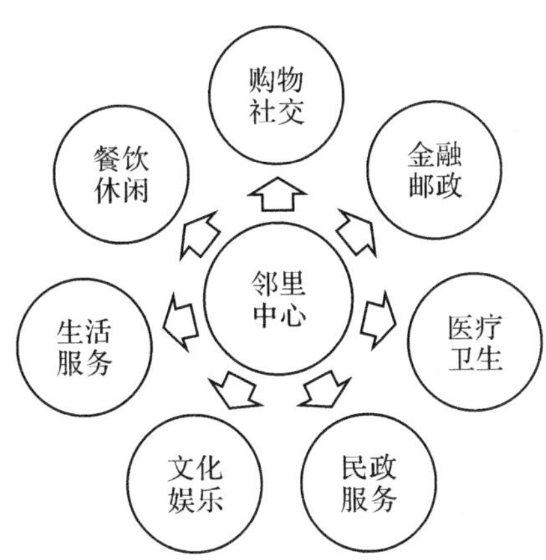

图 6　邻里中心发展模式

三、服务业集聚区政策需求调研

课题组走访不同行业的31个服务业集聚区，通过个别访谈、召开座谈会等形式，了解了杭州主要服务业集聚区的困难与诉求。由于不同类型的服务业集聚区所面临的问题不尽相同，甚至差别较大，所以，在以下分析报告里，将服务业集聚区分为7类（表1所示），逐一梳理、分析其困境及对政府政策的期盼。

表1　服务业集聚区政策需求调研

序号	集聚区分类	集聚区名称	集聚区数量(家)
1	创意产业园	西溪创意产业园、之江文化创意园（凤凰·创意国际）、山南国际创意产业园、西溪艺术集合村、和达创意设计园、聚落5号创意园、白马湖生态创意城	7
2	物流集聚区	杭州空港物流园、传化物流园、机场物流园区、桐庐大运物流园、杭州农副物流中心	5
3	旅游综合体	杭州云石生态旅游集聚区、山沟沟乡村旅游综合体、良渚文化旅游休闲区、湍口"温泉风情小镇"	4
4	商务集聚区	复兴国际商务广场、桐庐迎春商务区、东方电子商务园、钱江世纪城总部经济集聚区	4
5	科技城（产业集聚区）	新加坡杭州科技园、浙大网新、杭州数字娱乐产业园、未来科技城（海创园）、东部软件园、青山湖科技城	6
6	特色街区（综合体）	湖滨（南山路）综合体、清河坊·南宋御街、小营街道	3
7	专业市场	浙江金恒德汽车物流广场、浙江纺织采购博览城	2

（一）创意产业园的政策诉求

杭州创意产业园主要包括西溪创意产业园、之江文化创意园（凤凰·创意国际）、山南国际创意产业园、西溪艺术集合村、和达创意设计园、聚落5号创意园、白马湖生态创意城等七大服务业集聚区，各园区的主要困难和政策诉求梳理如下。

存在的困难：

1. 租赁模式蕴含企业外迁风险

物业租赁供给形式存在不足，如山南国际创意产业园由政府统一开发物业，引进企业和其他主体入驻，所有物业均以租赁形式供给，主要适宜机构的阶段性置业需求。对于有长期发展需要置业的企业，租赁模式加上空间规模较小，容易产生企业做大后即外迁的风险。之江文化创意园反映园区在“退二进三”体制中所涉及的用地性质问题复杂，改建成本较高。西溪创意产业园反映办公空间依然不足。

2. 人才结构影响企业发展后劲

创意园普遍反映人才结构不尽合理，艺术、技术类的专业人才多，综合管理型人才少；初级产业人才多、高精尖人才少；流动性人才多、真正扎根留下的人才少。如之江文化创意园目前人才聚集与储备主要依靠中国美术学院等周边高校相关专业人才的就地转化以及当地文创企业主动引进、培训人才，人才聚集效应十分有限。西溪创意产业园集聚区则反映名人培育难度很大。

3. 容量配套抑制园区发展规模

山南集聚区地处景区，现有的物业容量已不能满足招商需要，而各类用地在规划审批、建设程序等多方面存在诸多限制，影响了集聚区建设与发展的进度。在之江文化创意园引进企业中，配套薄弱成为企业落地的瓶颈要素，出行不便在一定程度上造成入驻企业员工出行难、商务难、租住难问题，尤其是生活相对不便，创业人员难以长期安心在园区工作、生活。白马湖生态创意城反映创意城配套离产城融合的标准及入驻企业的要求还有较大的距离，环境配套亟待进一步提升。

4. 关联度不高减小产业集聚效应

产业发展目标缺乏长期性、持续性、可行性的规划，目前入驻白马湖生态创意城园区的文创企业以初创型的中小规模企业为主，缺乏行业领军型、支柱型企业，且企业间上下游产业链关联度不高，产业集聚效应难以发挥。之江文化创意园认为目前园区没有形成规模化、品牌化的优质文创企业。西溪艺术集合村则认为自己尚未形成鲜明的集聚区特色。

其政策诉求如下：

1. 扶持服务平台

之江文化创意园建议，企业享受园区公共服务平台中的服务一般是免费或以成本价提供，对平台的持续运营带来了不小的压力。针对服务业集聚区在发展过程中搭建的企业公共服务平台，希望政府能够持续、分阶段地给予运营效果比较好的公共服务平台进行资金方面的补助。

2. 搭建交流机会

杭州之江文化创意园希望政府能够举办更多服务业集聚区所属企业层面的有关产业活动，为企业多搭建与市场对接的服务平台，开拓更多展示销售空间，提供更多企业交流、沟通的机会。西溪艺术集合村建议定期举办推介会，便于行业间交流。

3. 加大培训范围

定期组织集聚区一线人员对相关专业知识、行业前沿信息、扶持政策进行学习。

4. 强化名人管理

出台一些名人、名家管理制度，进一步发挥创意园入驻名人效益。同时，加强联系和资源对接，举办有影响力的名家活动，营造良好的文化氛围。

（二）物流集聚区的政策诉求

物流集聚区具有基础性和公共平台属性，在承担城市功能模块中起重要作用。课题组将杭州空港物流园、传化物流园、机场物流园区、桐庐大运物流园、杭州农副物流中心等 5 家物流集聚区所面临的困难与政策诉求进行了分析整理。

存在的困难：

1. 园区土地资金匮乏

空港物流园空间不足。允许建设区面积已严重不足，而且分布较散，与空港物流园用地的要求距离较大，用地指标十分稀少。萧山区每年分配给新城的计划指标在 150 亩左右，但这些指标只能用于基础设施项目建设，无法解决储备项目和产业项目。新城耕地补充后备资源缺乏，外购补充耕地指标十分稀少。基本农田保有量较高。新城基本农田为2631公顷，耕地为3879公顷，物流园一期项目用地中包含基本农田680亩。机场物流园区建设资金缺口较大，机场建设投资大，周期长，单二期工程机场就有近60亿元的资金缺口。机场物流园区总投资近20亿元，单靠机场经营运作，实在难以支撑如此之大的投资。大运物流中心也出现融资困难。

2.配套建设面临缺口

随着物流园项目竣工投产，企业正式运营，带来了高能耗、大流量、多人口等诸多问题。空港物流园提出需要及早考虑交通、电力、居住、医疗、教育、餐饮等各类配套服务。杭州农副物流中心区内每日车流量、人流量日趋增大，道路基础工建配套滞后于市场的发展，城市环境卫生问题严重，特别是各大批发市场周边，运输车辆停放问题很突出，需加强城市化建设管理。

3.缺乏品牌企业入驻

杭州农副物流中心虽然已拥有多个大型专业市场、企业，但仍缺少世界级、国家级重点企业和百强企业入驻，需要扩大招商力度，落实招商引资政策，吸引大集团、大企业入驻集聚区，以提升整个集聚区总体水平和知名度。

4.物流车辆手续烦琐

桐庐大运物流中心反映，物流车辆同城配送，进杭城办理手续费时，物流车辆运管部门检测手续烦琐、操作困难。

5.综合交通体系缺失

机场现有进出交通方式单一，多式联运体系建设滞后，难以支撑未来庞大的客货流。杭州地铁二期规划正式获批，于2019年底前建成的五条线路中，也未包含通达机场的地铁7号、12号线。需要政府部门给予重点关注，积极协调项目建设，适度提前机场地铁建设时序，加快打造机场综合交通枢纽。

其政策诉求如下：

1.整合空港物流资源

机场物流园区和空港物流园区均已列入杭州市现代服务业集聚区，两个物流园虽然地理位置接近，功能定位、设施布局、入驻企业相似，但投资、管理主体独立，运行机制不同，存在明显的“两张皮”现象，一定程度上造成了资源浪费和效率低下。建议由政府部门牵头，推动两个园区的资源整合和功能对接，提升综合竞争能力，促进空港经济协调统一发展。2009年国务院颁布的《民用机场管理条例》明确将机场定位为公共基础设施，强化了地方政府在机场投资建设、运营等方面的主导地位，希望政府部门能进一步加大对杭州机场物流园区建设发展的扶持力度，在服务业（物流业）引导、补助专项资金、税收减免等方面继续给予政策倾斜。

2. 改善物流通关环境

空港物流园希望市政府、海关等部门大力支持跨境电子商务进口试点落户保税中心，市政府协调，海关牵头，实现机场海关大通关。目前保税中心面临较大财务成本压力，希望财政部门加大资金扶持力度，通过财政拨款、贴息、政府入股等各类手段，为保税中心减压减负。联邦快递、顺丰速运、长龙航空等大型国际航空（货运）企业入驻机场物流园，对于搭建“大通关”口岸建设平台，实现海关、检验检疫等口岸部门在物流园区合署办公的呼声越来越高，希望政府部门能共同推进机场口岸建设。同时，应深入推进实施机场海关双休日及夜晚预约通关，缩短“申报、查验、放行”时间，加快货物通关速度。

3. 出台相应保税政策

目前保税中心除了国家特有的政策功能优势外，只有省、市、区三级对物流业优惠的相关政策和区内租金优惠政策，尚无其他针对性强的优惠扶持政策。建议在管委会的组织下，积极协调上级部门出台加快保税物流发展政策体系，优化保税物流发展环境，研究完善市场发展政策服务，从财税、工商、金融保险、口岸通关、检验检疫、仓储物流等方面系统优化市场运营环境。要围绕“拓市场调结构增优势促发展”的目标，制定实施企业发展配套扶持政策，在市场开拓、产业升级、技术创新、减负增效、优化服务等方面继续给予更大力度支持，对物流企业扩容升级、外贸企业做大做强、营运中心培育等，给予专项政策扶持。

4. 扶持“公路港物流”

传化公路港希望能对“公路港物流”与铁路货场、港口、机场等交通基础设施布局进行统筹规划，优先保障落实公路港项目用地的土地指标，确保土地价格最低价供应，在地价上给予工业用地基准价以一定比例的优惠。同时确保公路港平台的唯一性，同地区不再设其他同类型物流平台。地方个性化财税减免政策出台时优先考虑公路港项目，在同等条件申报政府政策时，优先保障公路港项目，扶持其快速发展。

（三）旅游综合体的政策诉求

本文主要针对杭州云石生态旅游集聚区、山沟沟乡村旅游综合体、良渚文化旅游休闲区、湍口“温泉风情小镇”等 4 个旅游综合体存在的问题进行梳理。

存在的困难：

1. 土地储备与利用困难

云石生态旅游集聚区呼吁，土地指标和储备较少，影响项目入驻和建设进度。山沟沟乡村旅游综合体则反映土地利用的困难，乡村旅游的发展必然要利用土地进行接待设施的建设，特别是民宿的经营，也需要搭建一些临时建筑进行配套，这往往会违反“三改一拆”政策。因土地要素制约，影响“三产”项目的招商引资，如芦荻泉度假酒店项目建设推进严重受阻。湍口希望土地指标“退二进三”审批过程进度能够加快，加快服务业集聚区建设。

2. 基础设施建设相对薄弱

云石生态旅游集聚区距离城区比较远，基础设施建设相对薄弱，希望上级继续加大基础设施方面的投资力度，加快道路、供电、供气、供排水、污水垃圾处理、通信信息网络建设，提高承载能力。良渚文化旅游休闲区基础设施、公共服务设施等与发展要求存在一定的差距，镇财政财力薄弱，投入集镇基础设施建设资金严重不足。

3. 投资合法化及凑资问题

山沟沟乡村旅游综合体反映，民宿产业大部分是利用农民的自住房进行投资经营，由于消防等手续的办理存在困难，加上房产系租赁所有，投资无法合法化，也无法进行融资。旅游发展过程中很多资金都需要上级支持或者是依靠企业的自身筹措，特别是一些公共服务平台在建设上存在很大的不足。

其政策诉求如下：

1. 产权合法化

发展乡村旅游综合体，利用农民自住房进行投资经营的民宿产业能否产权合法化。

2. 空间拓展化

集聚区土地指标和储备较少，影响项目入驻和建设进度，人们普遍希望加大用地指标。山沟沟乡村旅游综合体认为，发展必然要利用土地进行接待设施的建设。

3. 融资便利化

山沟沟乡村旅游综合体鸬鸟镇属于经济欠发达乡镇，资金问题突出。在良渚文化旅游休闲区近期的建设中，农村生活污水一块，投资额比较大，除了区政府承担补贴费用外，街道也还是要投入很大一部分资金来实施这个项目，就今年实施的纤石、良渚、石桥三个村而言，街道还要拿出约 2000 万元用于这项工作。

4. 招商科学化

良渚文化旅游休闲区反映，在引进文创产业企业时，缺乏一套比较科学、全面的评估标准，让街道可以更好地择优择强，选择引进一些有潜力的文创项目。云石生态旅游集聚区反映招商引资难度大。为了加大招商引资力度，保障产业集聚区发展活力，希望上级领导能对集聚区企业给予更大力度的政策优惠，增强吸引力，以商招商，增强集聚区发展后劲。

（四）商务集聚区的政策诉求

课题主要针对复兴国际商务广场、桐庐迎春商务区、东方电子商务园、钱江世纪城总部经济集聚区等 4 个商务集聚区展开调研。

存在的困难：

1. 产权分散加大产业培育难度

由于商务区房屋产权过于分散，权属复杂，有些是办公用房，有些是作为单身公寓来销售的，有办公的，有居住的，给产业的培育和集聚带来很大困难。加上大部分是毛坯房，当前入驻的大部分又是中小企业，给项目落地带来很大难度。如桐庐迎春商务区，商务集聚区资源不是政府的，却又要把这个区块培育起来，工作开展难度很大。复兴国际商务广场现有写字楼中除凤凰城是开发商自持招租外，其余的大名空间、钱江国际商务中心、太和广场等都是以出售为主，而且个人投资者购买比例很高。现有的产权过于分散的状态对于落实业态策划，提升综合体品质不利，导致商业打造零散，没有形成氛围。

2. 功能不全弱化商业氛围

由于商务区当前正处于楼宇经济培育的起步阶段，尽管楼宇的硬件已基本建成，但在楼宇经济发展的氛围、人气集聚、对外影响力等诸多方面还有待提升。复兴国际商务广场集聚区由于综合交通便利性欠缺，影响了商业氛围，如复兴商务广场与钱塘江江边隔着一条之江路，由于之江路是城市交通主干道，车流量大，不适宜步行，行人横穿马路安全缺乏保障，这可能导致无法有效利用江边绿地和码头。钱江路延伸段横穿商务广场内部，把整个商务广场切割成两半，阻碍了商务广场内部的通畅性，不利于商务广场品质的提升。综合交通便利性尚有欠缺，复兴国际商务的公交停车站、公共自行车点等公共交通设施还有待进一步完善。

3. 招引品质限制商务增长潜力

商务集聚区普遍反映好项目、大项目招引难。在招商过程中，好项目、大项目招引落户的难度很大，项目的信息量也比较少。尽管针织城近几年收入增长较快，但是，针织城现有业态层次明显偏低，整个商务圈目前还没有国外的世界500强企业入驻，产品档次低、经营规模小，增长潜力十分有限。而有的商务区是依托高楼而建，临街店面较少，且80%以上的临街店面多被银行占用，所以社零企业发展空间不足。

其政策诉求如下：

1. 加强集聚区发展总体规划

复兴国际商务广场建议细化集聚区定位，避免由于行政区划方面的原因，造成区域间重叠定位、项目重复引进、重复投资、无序竞争情况的存在。

2. 加强集聚区政策信息引导

东方电子商务园建议围绕集聚区发展遇到的主要问题，定期沟通和协调解决建设中的难题，帮助牵头规划、国土、建设、交通、人事等部门，化解难题；

组织有关集聚区上门招商，拓宽视野，加强合作，推进集聚区国际化进程；开展各类针对性强的培训活动，提高集聚区的管理服务水平。

3. 协助集聚区招商引资(人)

加大招商引资力度，实施产业链招商。集聚区希望重点引导一批国内外知名、拥有风投跟进或先进技术的优势企业向现代服务业集聚区集聚。同时，注重引进一批服务业领军人物，并积极开展现代服务业高端人才培训、认证项目，不断提升服务业集聚区的能级和水平。

（五）科技城（产业集聚区）的政策诉求

科技城(产业集聚区)主要是：新加坡杭州科技园、浙大网新、杭州数字娱乐产业园、未来科技城(海创园)、东部软件园、青山湖科技城等6家。

存在的困难：

1. 空间不足，重大项目招引难

当前集聚区内的入驻企业已经饱和，想要做大，周边也没有地块再进行扩展，只能在其他区域或其他省市去发展集聚区块。企业成长壮大后，需要较大场地以及更好的办公环境，但城区产业园区的实际情况以及周边密集、高昂的楼宇价位，严重制约了园区孵化企业以及拓展快速的企业继续在周边发展，如杭州数字娱乐产业园集聚区面临园区发展空间不足的问题。一些产业园尽管目前总体发展势头良好，但是规模较大具有龙头效应的大项目、好项目仍然较少，如科技城服务业受当前经济形势影响，重大项目招引难度较大。新加坡杭州科技园尚处于建设运营初期，人气不旺，加之周边配套相对不完备，直接影响企业入驻园区的投资意愿。

2. 竞争加剧，产权保护不健全

近年来新兴园区不断涌现，相继出台各自的优惠政策，如数字娱乐产业园集聚区部分成长性较好的企业被外区的优惠政策吸引迁出，尤其是附近低价房租的余杭海创园吸引力特别大。产业园区知识产权保护体系还不是很完善，目前，多数企业没有自己完善的知识产权战略，也没有知识产权管理机构和人员，和知识产权服务机构的协作互动不是很理想，这在一定程度上抑制了园区整体创新能力的提升，从而影响到企业的长远发展。

3. 筹资困难，服务功能仍欠缺

近年来受一系列主客观因素影响，科技城内一些项目出现资金紧张问题，严重影响项目进度，其希望政府能帮助科技城内企业组建一批具有较强资金实力和融资能力的综合性、专业性、项目性的融资平台，为集聚区项目建设提供可靠的资金保障。浙大网新逐步向KPO和软件集成总包等高端业务转型，总包大项目资金缺口较大。青山湖科技城等公共科技服务平台建设尚处于启动阶段，孵化器管理运行服务体系正在建立，科技服务功能依然欠缺。另外，交通也是企业的困难之一，企业每年需要几百万的资金来解决园区上班员工的上下班问题。希望政府能够为园区多开通几路公共巴士，特别是在上下班高峰时间，其余时间保证有一辆公共巴士可以摆渡在园区和城市CBD之间。

4. 定位偏差，产业引领不明显

一些集聚区为了提高出租率，聚集人气，有时引进的企业与园区定位有偏差，导致目前集聚区内缺乏龙头企业、重点企业，产业集群和主导性不明显。如从新加坡杭州科技园企业构成看，小企业多，大企业少，能够在一定范围内起到带动引领作用的大企业数量甚微。企业规模小，在融资、风险承担等方面水平低，对集聚区来说，形成了小企业、小项目多，大项目、大企业难以引进的格局，不利于集聚区内产业集聚发展。

其政策诉求如下：

(1)集聚区的考核标准建议以集聚类企业占集聚区内企业总数的占比为标准，增大“集聚”效应的考核指标。

(2)希望市领导在招商引资方面给予指导、督促，在招商资源方面给予引荐，帮助科技城提高优化招商服务水平，引进一批大项目，提升园区整体结构水平。改变以政府为主体的传统招商模式，代之以市场招商的运作方式，希望从政策层面上鼓励企业招商引资，加大给予企业招商的政策支持力度，增强企业招商动力，充分发挥第三方丰富的行业研究及项目投资经验，大力推进第三方招商工作，提高工作实效。

(3)政府能够在人才房的政策方面给予更多的支持。杭州的生活成本每年大幅增长，企业为了留住人才不惜付出高代价，但是也没有办法解决住房问题。希望政府能够多出台一些人才房方面的政策。为更好地发展小型企业，建议政府部门能为这类企业就近提供部分的员工平价租赁房，减轻企业发展中的人才压力。

(4)希望地方政府除了给聚集区支持外,也能够给区内企业的重点项目同样的扶持,使集聚区内年轻企业有更好的创业环境,使成长型企业有一个相对宽松的发展空间,让区内企业能够做大做强。

(5)为了环保出行,建议政府统一为集聚区内企业提供班车,费用可以由园区内的企业按照坐班车人数进行分摊。这种出行方式既环保,又减轻了集聚区周边的停车位不足的压力,还能为集聚区内企业的员工提供便利。

(六)特色街区(综合体)的政策诉求

课题主要对湖滨(南山路)综合体、清河坊·南宋御街、小营街道等3个特色街区(综合体)进行了调研,其困难与诉求整理如下。

存在的困难:

1. 配套缺失,商户反应强烈

清河坊街区物业条件差、停车位难以解决、交通动线等问题都是制约街区发展的因素,也是现有商户反应最为强烈、矛盾最为突出的问题。随着湖滨银泰的建成,提供大量的地下停车位,将有效缓解湖滨地区的停车难问题。南山路缺少大型的停车场所,严重影响了街区商家的经营。

2. 产权复杂,业态引导困难

与整体布局、统一招商的湖滨地区业态相比,南山路的商铺有军区的、中国美术学院的、省市区各单位的,也有个人的,产权、物业较为复杂,管理机构对南山路的布局和业态引导实为困难。清河坊也由于产权关系,业态很难掌控,低档丝绸、茶叶盛行,降低了清河坊的文化性。目前中低档的饰品成为经营户逐利的新增长点,业态同质化日趋严重。

其政策诉求如下:

(1)街区需要有科学、统一、国际化的道路指示系统,才能方便游客出行。

(2)湖滨(南山路)综合体希望明确树木、花草、道板等设施的职责,落实养护资金和职责;实施亮灯工程建设并接入路灯网,给予政策、经费等方面的支持。

(3)目前湖滨(南山路)综合体活动、广告、装修的审批等各自为政,对整体管理不利,是否能在政策法规允许的范围内适当放宽管理机构的管理权限。

(4)小营街道服务业集聚区呼吁省、市设立专门针对健康服务业的扶持政策。另外其反映，许多针对现代服务业的政策，在执行层面存在困难，对企业的吸引力和扶持力度不大。

（七）专业市场的政策诉求

本课题就浙江金恒德汽车物流广场、浙江纺织采购博览城两个专业市场的困难与诉求进行了梳理与分析。

存在的困难：

1. 配套设施不全

如位于杭州市萧山区衙前镇的浙江（中国）纺织采购博览城（简称中纺城），是杭州市国家级服务业改革和试点基地拓展区，也是萧山第一批现代服务业集聚示范区，是萧山的“百亿市场”。萧绍收费站绍兴段已于2012年10月撤销，但杭州萧山段仍在单向收费。调研中，中纺城反映，收费站的存在严重制约了中纺城的发展，希望尽快撤销萧绍收费站，以促进中纺城的繁荣。中纺城内还缺少银行入驻，给市场经营户的经营带来了诸多不便，影响了中纺城市场的稳定，中纺城希望能得到上级部门协调，入驻一家银行。

2. 整合力度不够

杭州在专业市场五年发展规划（2007年）中，明确要求对专业市场布局进行调整，整合现有资源，改造传统交易方式，实现从“市场大市”向“市场强市”的跨越。金恒德汽车物流广场反映，至今杭州市还存在不少规模小、管理不规范的汽配市场，不同业态的其他类型市场也针对汽配行业进行非法招商。金恒德汽车物流广场希望政府加快推动汽配用品市场的整合，以及市区规模小、经营管理不规范的同类市场转移搬迁。

3. 土地供应滞后

土地供应滞后，直接影响了集聚区的经济效益与社会效益。如浙江金恒德汽车物流广场2007年取得了全部土地指标，支付了部分土地款、规费等各种原始投入成本，但至今二期土地仍未落实。汽车物流广场希望能加快二期土地供应，以早日完成金恒德二期项目，否则，在企业投入巨大人力、物力和资金的情况下，很容易造成企业陷入困境甚至破产。

其政策诉求如下：

(1)支持O2O商业生态圈新模式。为积极打造汽车后市场新模式，金恒德汽车物流广场对线上平台建设和线下实体打造同步推进，其中线下打造的汽车服务连锁重点放在杭州试点先行。目前，在推进线下汽车服务连锁试点工作中遇到困难——设立汽车服务连锁公司需先获得汽车维修服务的前置审批，而且跨区经营需重新获得新进入区域的经营资质审批，不利于新模式的发展和推广。为此，集聚区希望能大力支持新模式的发展，给予金恒德全市范围内一次性审批，以加快新模式发展。

(2)目前中纺城的会展中心和剩余70亩土地还处于招商中，由于项目开发周期偏长，严重增加了公司的财务成本，集聚区希望得到上级部门对市场招商工作的支持。

(3)中纺城对面区块的绍兴印染厂烟囱林立，烟雾腾腾，严重影响中纺城的招商、经营，随着住宅小区的交付，此问题将日趋严重，集聚区希望政府尽快解决。

通过以上实证分析，我们发现现有政策供给与实际需求之间存在政策缝隙或政策的真空，集聚区的诉求为今后政策出台提供现实依据。

四、服务企业经营生态分析

为切实了解当前杭州服务业集聚区企业的经营状况和发展中存在的问题，课题组在集聚区调研中，走访了一些企业，与企业的负责人进行了结构性访谈，并结合杭州市统计局的调查数据，对服务企业的经营生态进行分析。

（一）服务企业的经营情况

1.服务企业的投资动态

(1)投资进度放缓。部分企业投资项目受成本压力、市场因素等影响，对后市信心不足，现场施工进度明显放缓。从调查情况看，有20%左右的企业由于各种原因，实际建设进度滞后于预定投资计划。

(2)投入资金减少。调查显示，仅有10%的企业计划追加投资，25%的企业预计投资基本不变，25%的企业表示投资将略有减少，近三成企业预计投资将大幅度减少。这也预示接近半数企业2015年的投资量将出现下滑的态势。

(3)投资外迁计划。随着杭州土地成本、用工成本的不断上涨以及节能减排的限制,部分企业有往市外及省外投资的打算。调查显示,部分企业有到省外投资计划,还有一些企业既有到市外又有到省外投资的计划,合计约有二成企业有投资外迁计划,预计将来有更多服务企业搬迁异地。

2. 服务企业的经营态势①

(1)企业利润率下降,亏损面有所扩大。2014 年上半年,杭州规模以上生产性服务业企业营业收入利润率为 17.5%,比上年同期下降了 1.9 个百分点。其中,交通运输、仓储和邮政业利润率为 5.9%,租赁和商务服务业为 7.0%。杭州规模以上生产性服务业企业亏损单位共有 1471 家,亏损面达 41.7%。其中,信息传输、软件和信息技术服务业亏损面达 58.7%,租赁和商务服务业亏损面为 44.4%。

(2)小企业发展状况不容乐观。2014 年上半年,杭州规模以上生产性服务业企业营业收入小于 500 万元的小企业共有 1524 家,占总数的 43.2%,亏损单位 875 家,小企业的亏损面高达 57.4%;合计实现营业收入 33.96 亿元,仅占全部规模以上生产性服务业企业营业收入总额的 2.3%;实现利润总额由上年同期的盈利 36.94 亿元转为亏损 4.69 亿元。

(3)部分服务行业发展放缓。2014 年上半年,杭州高技术服务业总体保持较快发展,但相比 2013 年全年增速仍回落 4.1 个百分点。其中,信息服务和电子商务服务延续调整转型态势。研发与设计服务业、环境监测及治理服务业、检验检测服务业收入增速分别低于全市高技术服务业增速 36.3,13.7,11.5 个百分点,增速分别低于 2013 年全年 28.4 个百分点。

(4)新兴服务行业总体实力不强。杭州的高技术服务业中,信息服务和电子商务服务业占较大比重,而其他一些新兴行业占比重较小,发展速度较慢,总体实力有待加强。上半年,环境监测及治理服务、检验检测服务、知识产权及相关法律服务、研发与设计服务四个行业,分别实现营业收入 4.68,6.60,7.51 和 17.78 亿元,合计占比 4.2%,增速均低于全部收入增速,研发与设计服务业更是负增长。

① 说明:文稿采用杭州市统计局的调查数据。

（二）服务企业的发展瓶颈

1. 服务企业的困难困惑

(1)投资形势严峻。由于国内外经济形势较为低迷，部分企业普遍面临出口下滑、盈利缩减、成本上涨、资金紧张等情况，部分企业对投资慎之又慎。调查显示，25%的企业认为未来几年投资市场形势较为严峻，一半左右的企业认为今后几年的投资机会与以前相差不大。

(2)项目推进困难。资金筹措困难、原材料价格与人工成本上涨以及征地拆迁用地难成为企业投资项目推进过程中遇到的主要困难，其中30%的企业把征地拆迁用地难列为最大的困难。此外，行政审批效率不高、配套基础设施建设不完善等都阻碍项目的推进。

(3)融资难度较大。从企业本年项目资金到位情况看，有15%左右的企业到位资金小于本年投资额。25%的企业认为项目投资的融资难度略有提高，更有一成企业认为项目投资的融资难度明显提高，认为融资难度略有下降和明显下降的企业有20%。

（三）服务企业的政策需求

1. 服务企业的政策调研[①]

通过问卷方式，我们对统一抽中的杭州市639家服务业小微企业的经营情况进行了调查。调查企业中，营业收入超过2000万的企业有11家，营业收入在1000万—2000万的企业有40家，营业收入在500万—1000万的企业有149家，营业收入在500万以下的企业有439家，分别占调查企业总数的1.7%，6.3%，23.3%和68.7%。调查显示，杭州市服务业小微企业发展总体平稳，但企业关于“加大政策扶持及落实力度”“减免税费”和“加强引导和市场开拓”的意见也较强烈。

---

① 文稿采用杭州市统计局的调查数据。

表 2 小微服务企业政策诉求调查表

序号	企业的政策诉求	占调查企业比例(%)
1	加大政策扶持及落实力度	61.7
2	减免税费	61.5
3	加强引导和市场开拓	22.8
4	加强行业监管,营造公平竞争的市场环境	17.8
5	进一步加大公共服务力度	12.7
6	引进和培训专业人才	12.2
7	拓宽融资渠道	9.2
8	规范和指导企业管理	8.1
9	其他	1.3

2. 服务企业的政策期盼

(1)企业准入破除“空白案例”。随着《关于鼓励和引导社会资本参与基础设施建设的实施方案》的出台,24%的企业认为该政策将大大推动社会资本投资基础设施建设,近一半的企业认为将有部分社会资本会投入基础设施建设,25%的企业预计社会资本投入基础设施建设的力度不会过大。而从杭州的实际情况看,余杭等区域民间资本进入基础设施建设还处于“空白期”,还未产生有效案例。尽管江干区的基础设施投资已经引入了 BT 和 BOT 等方式吸引民间社会资本参与其中,但由于社会资本的获利前景不明朗,很多社会资本仍驻足不前。36%的受访企业认为民间投资准入机制尚不够明确,准入范围仍有待扩大。企业普遍期盼,实施“非禁即入”原则,进一步明确民间资本的准入条件,基本政策明确将大大推动社会资本投资基础设施建设。

(2)行政审批推行“合二为一”。八成企业表示审批内容较多较烦琐,其次是审批时限过长。四成企业认为,审批部门间要求不一致,较难一一满足。企业普遍希望继续完善杭州市的投资项目审批流程,如归并整合行政审批职能,推行投资项目审批代办制,大力推行网上审批,全面落实行政审批首席代表制度,强化中介结构监督等。杭州近年来,不断改革投资项目审批制度,简化项目审批内容,提高项目审批效率,其中,市级投资项目审批全流程再造受到企业欢迎。如简化项目建议书、可行性研究报告审批环节;建设工程项目方案设计、初步设计实行“合二为一”审批;规范简易审批、免予审批项目和备案管理。

此外，实行房屋建筑工程项目联合竣工验收房产发证办法、规范简化建设项目工程规划许可证前置条件、加强投资项目审批中介服务管理受到企业关注与好评。

(3)扶持政策有待“广而告之”。在问及最期盼政府出台哪些扶持政策时，八成企业希望出台对企业的金融扶持政策，七成企业希望出台相关抵扣税政策，六成企业希望简化项目审批流程。而对企业投资决策产生较大影响的政策依次为：投资优惠政策、税收政策、土地供应政策等。此外，四成企业认为银行信贷优惠政策以及相关行业投资促进政策将影响企业的投资决策。更为重要的是，扶持政策尚需宣传，近两成企业对政府出台扶持政策知之甚少。如对 5 项扶持企业发展政策的知晓度：①“四换三名”；②“雏鹰计划”；③“青蓝计划”；④“蒲公英计划”；⑤个转企、小升规、规改股、股上市，“四换三名”政策知晓度最高，其次是“个转企、小升规、规改股”，仅有三成企业表示了解“青蓝计划”。

五、国内外服务业集聚区发展借鉴

（一）国外服务业集聚区的发展模式

1. 东京新宿区的发展模式

东京新宿区是东京都内 23 个特别区之一，也是东京乃至于整个日本最著名的繁华商业区，是新建的副中心区域。目前，新宿已建成的商务区总用地面积约 0.16 平方公里，形成 200 多万平方米的建筑体量，形成 40 栋超高层大厦组成的现代建筑群，成为东京的一大景观。东京新宿区的开发模式也是典型的政府主导开发模式。综观东京新宿区的发展，其开发特点有以下几点：

(1)政府机构的迁入带动了片区的发展。1991 年，东京都政府从有乐町迁入新宿之后，为片区的建设发展提供了有效的支持，对各行业的吸引起到带动作用，特别是大大增加了新宿区对金融保险业机构的吸引力。

(2)交通枢纽的建设促进了商务活动的聚集。新宿是东京的一个重要交通枢纽，以新宿车站为中心共有 11 条联结东京四面八方的地铁和轻轨列车线。除了轨道交通之外，周边密集的公交线路、高速线路等共同构成了新宿区发达的立体交通体系，促进了商务活动的发展和集聚。

(3)充分利用地下空间形成商业聚集。地下商业街与购物中心、休闲娱乐中心共同为新宿区吸引了巨大的人流和商流,促进了片区的进一步发展。到20世纪90年代末,新宿地下商业空间面积已达到11万平方米,其中地下商业街总长达6790米,是世界上最长的地下商业街。地上的许多大厦都可以直接通往地下商场,大大缓解了地面交通压力。

(4)功能分区清晰明确,综合配套设施齐备。新宿区是在细致规划下完成建设的,功能分区清晰明确,购物、娱乐休闲、商务办公等多种功能区相配合,形成了繁华的东京现代核心城区,避免了因单一商务功能而出现夜晚"空城"的现象。

2. 伦敦金融城的发展模式

伦敦金融城位于大伦敦市核心地带,泰晤士河北岸,圣保罗大教堂东侧,是世界重要的金融、商业、经济中心。伦敦金融城是适应工商业长期市场化发展需要而形成的,是以金融业为主导的现代服务业聚集区。综观伦敦金融城的开发模式,有以下几个特点:

(1)历史悠久,先发优势明显。伦敦金融城从公元1世纪建城开始,一直是伦敦的商贸活动聚集地。金融产业聚集也率先在金融城开始,这使伦敦金融城具有其他地区无法比拟的先发优势。

(2)高度国际化和开放性。在全球国际金融中心中,伦敦金融城的开发最早,其开放程度和国际化程度都非常高,它服务于全球贸易和发展,吸引了大量跨国公司总部和金融机构集聚发展。正如前文对现代服务业集聚区产业竞合特征的论述,在伦敦金融城中,跨国公司和外资金融机构、中介机构往往是互为客户、相互伴生的。

(3)法律框架和监管体系完善。伦敦金融城法律法规健全,有着完善且灵活的法律框架和监管体系,使伦敦金融城在百年发展历程中成为国际上最重要的金融中心之一。伦敦金融城对金融业实行综合监管,透明度和规范度高,由英国金融服务局、英格兰银行、英国财政部相互配合,在监管力度上宽严适度,同时保证了金融业发展的规范性和活力。同时,伦敦金融城拥有自治机构——伦敦金融城公司(The City of London Corporation,国内多译为"伦敦金融城政府"),具有对金融城的独立治理和监管权利。

(4)配套服务完善。金融服务是一种无形产品,需要有良好的配套条件才能吸引广大金融及相关企业实现聚集发展。伦敦金融城聚集了一大批为整个金融市场服务的专业服务业企业，包括咨询、律师、会计、人力资源服务、保险等，为金融业的发展创造了良好的综合配套产业体系。

(5)大量高素质人才聚集发展。2004年，伦敦有31.1万人在金融机构就业，伦敦金融城和纽约华尔街(有31.4万人)是全世界金融人才聚集最多的两个地方。高素质金融人才的集聚，也为伦敦金融城的持续发展提供了源源不断的动力。

(二)国内服务业集聚区的经验借鉴

1.深圳服务业集聚区的发展模式

现代服务业集群应具有极为细化的专业化分工以及基于不同规模、技术、管理等能力层次之间的搭配，形成高度分解的柔性组织结构，避免同质恶性竞争，实行错位发展。深圳毗邻香港特区，较好地和香港现代服务业形成了错位发展。

深圳市的规划中有9个物流园区，其明确了每个不同的集聚区的功能和定位，从而避免形成恶性竞争。规划中的3个金融集聚区，也明确其定位，重新整合，提高集聚度，实现错位高效发展。

(1)促进城市产业融合发展。深圳服务业的集聚是走产业融合发展之路的。一方面，生产性服务业在较长时期内伴随工业快速增长而迅速发展，推动先进制造业与现代服务业互动融合、并重发展。另一方面，推动服务行业间的融合发展，增强服务业自主增长能力。推动服务行业内部的融合发展、增强服务业自主增长能力。集聚区内的企业通过混合兼并、战略联盟等形式实现资源的合理流动。进一步深化深港澳服务合作与融合机制，推动服务外包发展。深圳市政府通过引导，促进现代服务业与现代制造业的融合，进一步提升现代服务业的集聚度。在产业政策制定上，有明确的产业融合发展战略规划和在资金、技术、税收等方面的配套措施。如在市场化条件下，减少对现代服务业的价格规制和监管，使其按照市场机制来定价，但是这种规制视不同行业的情况而定，对于一些易造成产业垄断和不公平交易的现代服务业，其规制就必须进一步加强。

(2)搭建公共服务平台网络。深圳市针对各级中小企业公共服务平台数量多、布局散、水平低和重复建设、资源浪费、难以协同形成合力的问题，采用云计算构建深圳市信息公共服务平台，优化资源配置，促进公共服务的集约化、效益化、优质化发展，形成稳定可靠、低成本的运营体系。从现有资源和各级平台现状出发，加强公共服务平台建设的综合协调和统筹规划，借助现代信息技术，通过各级公共服务平台的互联互通，促进中小企业服务机构与广大中小企业之间的相互联系和衔接，推动资源整合，实现信息共享和优势互补，形成集成能力强、运作效率高和具有可持续发展能力的中小企业公共服务平台网络，真正为中小企业提供"找得着、做得快、用得起、有保证"的服务。

(3)形成产业、人才"高地"。发展现代服务业，关键在人。深圳一方面培育现代服务业本土人才，充分发挥其在金融、物流等技能培训方面上的优势，加快建立招商大学、平安学院及各类银行分行的培训中心，各物流园区、软件园区等培训中心，以及扩大正在建设中的资本市场研究院的培育人才规模；另一方面，深圳还懂得加强对人才的吸引力，将自己打造成时尚、新兴的国际化大都会，深圳不仅凭经济利益，还依靠文化吸引力来促进现代服务业精英集聚。发挥区域资源、地域优势，大力引进国内外知名的专业服务、商贸物流、休闲服务和文化创意企业群，以产业集聚带动人才集聚，以人才集聚加速产业集聚，形成产业、人才"两个高地"。

2. 上海浦东新区服务业发展模式

上海浦东新区是1990年经国务院批准设立的首个国家综合配套改革试验区，其目标是在上海建设国际金融中心、航运中心、贸易中心等核心功能区。浦东新区的发展也是采用政府主导规划、市场主导开发的模式。浦东新区的发展有以下几个特点：

(1)创新政策支持体系，促进产业集聚发展。在政策支持方面，国家和地方相继出台了多项指导意见支持浦东新区开发开放和现代服务产业集聚发展，主要包括《国务院关于推进上海加快发展现代服务业和先进制造业　建设国际化中心和国际航运中心的意见》《国家外汇管理局关于推动浦东新区跨国公司外汇管理改革试点的意见》及《关于上海市鼓励跨国公司设立地区总部的规定》等。政府在《上海市国民经济和社会发展第十二个五年规划纲要》中明确指出："坚持城市功能提升、市场需求引领和新技术应用带动，加快发展生产性服务业和生活性服务业，不断拓展新领域，发展新业态，培育新热点，推进品牌化、网络化经营，增强辐射力和国际竞争力。浦东新区"十二五"产业扶持政策，包括促进高新技术产业发展、支持自主创新人才、加快区域创新体系的实施意见等，同时，政府还将出台一系列政策，在产学研合作、人才引进、风险投资、成果奖励等方面加大扶持力度，营造符合现代服务产业集聚发展的良好环境。

(2)突出金融产业发展的优势地位，加强金融中心核心功能区建设。浦东新区对金融业发展尤为重视，新区政府提出了坚持“一个核心、两个重点”的总体思路：“一个核心”即以金融市场体系建设为核心，“两个重点”即以金融改革创新先行先试和营造良好发展环境为重点，推动金融业向国际化、市场化和法治化发展。在金融创新上，重点围绕市场创新、机构创新和产品创新加大推进力度。在市场创新方面，建立了全国银行间市场贷款转让系统，成立了股权托管交易中心；在机构创新方面，设立了消费金融公司，引进了 64 家单船单机融资租赁 SPV 公司，打破了外资公司长期垄断机船租赁的格局；在产品创新方面，已批准 24 家企业开展合格境外有限合伙人(QFLP)试点，并成功进行了新型国际贸易结算中心试点、期货保税交割试点和跨境人民币再结算业务试点。

(3)高标准、国际化的区域整体规划，具有法律约束力。以陆家嘴金融贸易区的规划模式为例，其在开发初期便制定了高标准、国际化的要求，强调整个区域的整体规划性。该规划由上海市人大审议通过，在一定程度上保障了区域开发建设中严格分步执行规划的作用。在 20 年的开发过程中，陆家嘴金融贸易区严格按照规划分步进行建设，实现了所谓的“富规划，穷开发”的模式。

(4)推动金融生态环境建设，集聚金融产业优秀人才。在推动金融业创新发展的同时，新区政府还特别注重金融生态环境的建设，金才优户和金才安居工程已覆盖全区 150 余家金融企业共计 1900 余名金融人才。2012 年 8 月，上海纽约大学在陆家嘴正式挂牌成立，强化对金融人才尤其是国际化金融人才的培训。此外，新区政府还定期针对金融机构举办各种主题活动，营造金融文化氛围。

(5)设立专门的开发公司进行区域开发，经营模式多样灵活。同样以陆家嘴金融贸易区的开发为例，上海市政府为陆家嘴金融贸易区的开发建设专门设立了陆家嘴金融贸易区开发公司，当时的启动资金为 3000 万元。开发公司承担规划实施、开发融资、工程建设、经营管理等职能，起到了行政管理部门和项目实施主体之间的桥梁和纽带作用。

3. 天津滨海新区中心商务区发展模式

天津滨海新区是天津市下辖的副省级区，为国家级新区和国家综合配套改革试验区。其中，于家堡金融集聚区重点建设金融机构、金融市场、金融创新中心和金融信息中心以及金融配套服务中心，已于2009年启动开发建设，至2014年底将初具规模，2017年左右基本建成，有望成为世界上规模最大的金融区。于家堡金融集聚区的开发也是采用政府引导规划，市场化主导开发的模式，有以下几个特点：

(1)国际化、整体化理念引领区域的规划和建设。于家堡金融集聚区的规划建设贯彻了国际化、整体化的理念。在规划建设之初，通过遴选世界知名建筑设计单位进行统一的规划设计，包括聘请美国SOM公司进行于家堡金融区的城市设计和天际线设计，邀请日本日建公司进行地下空间和管网设计，邀请美国易道公司进行区域景观概念设计，邀请香港MVA公司负责区域交通规划和慢行交通体系设计等。此外，还聘请国际规划设计大师组成单体建筑方案设计团队，确保建筑设计经典现代，建筑风格协调统一。国际化、整体化的规划建设理念有效保证了于家堡金融集聚区开发建设的合理性和前瞻性。

(2)多层次的政策体系引导现代服务业聚集区发展。在国家层面，滨海新区的开发已经纳入国家发展战略，于家堡金融集聚区作为滨海新区中心商务区的核心区域，也是国家开发建设的重点区域。在产业发展层面，国务院批复了天津金融改革创新方案，在金融改革方面可以先行先试，给予了于家堡金融集聚区金融产业发展的巨大空间。在操作层面，滨海新区政府相继出台了《关于推进于家堡金融集聚区金融创新和招商政策体系建设的意见》及其《实施方案》，明确了区域的功能定位及三个阶段的发展任务。根据该《意见》和《实施方案》，到2013年底，于家堡金融集聚区的固定资产投资累计将达到300亿元，竣工并投入使用12栋楼宇，各类入驻机构总量力争达到2000家。

(3)设立专门的开发公司进行整体开发。于家堡金融聚集区的开发建设由滨海新区中心商务区管委会统一领导，天津市政府批准组建天津新金融投资有限责任公司，作为管委会的具体运作平台。天津新金融投资有限责任公司是国有企业，注册资本金20亿元人民币，是开发建设于家堡金融区的主体公司，能够以整体统一的平台进行开发建设，有利于于家堡金融聚集区高规格的规划和建设实施。

(4)土地开发模式灵活。在天津新金融投资有限责任公司的主导下，区域按物业特点灵活设置开发主体进行开发。开发主体以招拍挂的方式取得土地，每栋楼成立一个单独的建设公司，所有的地下空间建设由集团公司完成，地面部分采取股权转让、合作开发、代建等多种模式灵活进行建设。这种方式既能保证整体规划的落实，又能减轻单一开发主体的建设资金压力。

六、促进服务业集聚区发展的建议

（一）促进服务业集聚区发展的总体建议

服务业集聚区是服务业发展的重要载体和必然趋势，本文根据杭州服务业集聚区的发展现状，借鉴国内城市的先进经验，提出总的发展建议：在产业选择上，杭州服务业集聚区更应注重专业化和特色化，因地制宜，因势利导，深度挖掘本地区的特色资源和有利条件，大力发展相关产业链。在发展路径上，杭州应统筹发展，规划先行，通过延长产业链集聚上下游产业，形成服务业集聚区，并逐步实现由专业化向综合性的转变和过渡。在相关配套上，关注交通、市政基础设施和公共服务设施等建设，有计划、有步骤地完善相关服务和功能；在政策融资等软环境上，政府应顺势而为，创新服务，提倡多元主体，以引导和调控等为主要方式。

同时，放宽市场准入、健全投融资体制、加强用地保障、加大税费减免优惠、促进新型城镇化进程、加大财政投入、调整服务业水电气价格及收费等激励性政策措施；加快主城区市场外迁，合理规划和引导主城区批发市场逐步向四环以外布局，完善城市功能，提升服务业集聚区业态水平；加快特色商业街区建设，使其成为杭州具有标志性的新型商贸业态集中区和城市品牌；加快大型公共服务设施建设。

（二）促进服务业集聚区发展的分类建议

1.促进创意产业园发展的建议

(1)优化发展模式，加快品牌建设。突破传统文化产业“自发展”“内循环”的缓慢发展模式，注重文化创意与科技、资本的融合，构建“文化＋科技”和“文化＋资本”的创新发展模式，助力文化创意产业大发展。引入科技类新媒体公司，实现科技与文化产业发展的有机对接；引入各类风险投资机构，与银行建立战略合作关系，鼓励其参与文化创意企业的发展，在文化创意与金融资本之间搭建桥梁，缓解文化创意产业发展的资金难题。建立“优胜劣汰”的机制，逐步实施“腾笼换鸟”，对培育期满后，仍然发展前景差、效益成果不明的企业做劝退处理，在腾出的有限空间中引进优质企业，同时逐步调整园区业态分布，形成产业特色鲜明的文化创意集聚区。

(2)加强组织推广，推动产业联盟。服务业集聚区整体规模较小，品牌知名度不高，对整个区域的辐射带动能力有限，同时新兴产业相对发展之后，技术含量不高，亟须引进国内、国际知名工业设计服务机构、工业设计企业等，不断加强研发和服务能力，增强自身实力，提高核心竞争力。积极开展各类工业设计宣传活动，依托开发区高教园区资源，定期举办大学生毕业作品展。积极开展工业设计企业、工业设计服务机构、制造业企业之间的对接活动，搭建产业联盟，充分发挥各自优势，资源共享，实施联动开发，并通过设计创新，实现产品升级换代，促进工业设计成果转化。

(3)完善创新环境，提升服务平台。文化与科技的融合作为现代服务业产业转型升级的一条创新之路，势必需要合适的环境土壤来培育。一是制定特色产业政策，优化原有的文创、科技政策，发挥政策导向功能，建立制度激励机制，培育更多的文化与科技融合新型企业；二是推动园区产业集群各企业的相互配套和行业新产品研发过程中的相互配合，加强与美院等艺术高校及浙江大学等下属的科研院所合作，使科技服务、科技成果转化更加顺畅；三是搭建适用于文化创新的公共服务平台，形成从企业成长过程中的项目申报、政策咨询、成果鉴定及业务培训等常规性服务，到企业产业化阶段的融资担保、技术开发、国际合作及人力资源等深层次服务的创业体系，满足企业有关工艺创新、人才培训、项目融资等多种需求；吸引一批中介服务机构进驻园区，建立和服务机构的联动机制，增强服务的能力和成效；加强培训，增强管理人员专业素质，提高人员服务能力，进一步提高为企业提供咨询服务等能力。

2. 促进物流集聚区发展的建议

(1)促进国际物流业务发展。依托机场资源，优化物流园区营运环境，引导和鼓励国内外航空公司拓展国际货运业务。一方面，深化与南航在货运业务方面的合作，扩大远程货机航线合作成果，争取开发新的国际全货机航线；另一方面，加强与顺丰、圆通、邮政等快递公司的合作，支持快件运营商拓展国际性业务。

(2)激发各类市场主体活力。探索股权多元化改造，发展混合所有制经济、放大国有资本影响力，按照“实现优势互补，推动互利共赢”的原则，引进优势企业在园区内投资建设，吸收先进管理经验、技术手段，进一步激发市场主体活力，构建富有活力和竞争力的园区经营机制。

(3)培育跨境贸易电子商务。充分借助杭州市打造全国电子商务之都的契机以及杭州市电子商务产业和应用水平国内的领先优势，依托阿里巴巴网、淘宝网、酒水网、化纤网等一批国际、国内大型电子商务网站的建设发展，以跨境贸易电子商务为引领，打造面向定点国家及当地龙头网商的跨境贸易电子商务基地，鼓励发展现代电子商务的专业物流企业，培育跨境贸易电子商务杭州配送中心。

3. 促进旅游综合体发展的建议

(1)建立“选商”评价体系。良渚文化旅游休闲区近年来招商引资形势比较好，有多个知名重大项目纷纷选择落地良渚，良渚的招商引资已实现从“招商”到“选商”的转变。但在集聚区“选商”过程中，除了是否符合集聚区的产业发展定位外，是否值得引进？是否值得花较大成本和代价引进？特别对于文化创意类企业，若从经济量化指标单纯评估即缺乏科学性，希望有一套权威的评价体系，对拟引进项目进行全面的科学的评估，让街道可以更好地择优择强，选择引进一些有潜力的项目。

(2)加快民宿经济发展。以民宿经济的发展为抓手，在“美丽乡村”策划时要明确发展民宿思路，布局休闲业态，考虑整体环境。在建设中要保留村庄本色和历史文化，预留公共服务空间，整村考虑消防、卫生、污水处理等设施，为民宿经营做好基础工作。同时，引导各村从本村经济基础、区位优势、资源条件等实际情况出发，因地制宜、发挥优势，通过挖掘自然资源潜力、依托集体土地、对集体资产进行提升改造、租赁闲置民宿资源等方式完善公共服务，发展配套服务业，增加村级集体经济收入。

4. 促进商务集聚区发展的建议

(1)创新服务模式。建立政府与社会化服务有机融合的公共服务模式。充分调查研究集聚区企业的生产服务需求，有关政策咨询等需要政府层面的服务由管委会及街道提供。对于业务培训、行业合作等方面工作，则引入专业社会机构、行业协会等社会化服务满足需求。集聚区多次邀请工商、税务等行业职能部门开展咨询服务，并与普华永道、浙大律师事务所等专业机构合作，入企业开展业务培训服务，政府和社会化服务有机融合，充分满足企业需求。

5.促进科技城(产业集聚区)发展的建议

(1)坚持先规划后集聚。有一个好的规划是搞好服务业集聚区建设的前提和基础。针对有些服务业集聚区缺乏科学规划的问题,有关部门要依托开发区、工业园区、科技园区、高教园区,以开发区特色为核心,规划设计各服务业集聚区的业态,保证定位准确,布局合理,特色明显,循序发展。要通过公开招投标,择优选择规划设计部门和设计方案,严把方案审核关,真正做到以战略眼光,高起点高标准规划,为集聚区的特色化、功能化、集约化、品牌化发展奠定基础。要通过规划引领,以现代服务业集聚区建设为主抓手,着力打造城市服务功能的新载体,经济增长的新方式和开发区形象的金名片。

(2)创新招引理念与做法。服务业集聚区建设周期相对较长,投资也较大,必须引进有较强实力的企业对集聚区进行管理,这就既要加大招商力度,又要注意有选择性招引。对有投资和入驻发展意愿的客商特别是大客商要跟踪服务,耐心协商。要注重引进科技型企业和发展前景较为光明的现代服务业企业,发展高端服务业项目,提高集聚区整体质量。重点培育一批集聚区内的龙头骨干企业,影响和凝聚更多的服务业企业入驻园区,真正做到技术领先,产业集聚。

(3)重点培育生产性服务业集聚区。生产性服务业集聚区是工业发展的助推器,是提升城市综合功能的重要载体。根据杭州的产业特点和地区优势,合理引导生产性服务业集聚发展,努力打造具有本地特色的生产性服务业集聚区。当前要重点围绕现代物流、科技、软件、文创和服务外包等产业,着力培育一批对工业、对提升城市功能作用大的现代服务业集聚区。

(4)支持集聚区重大项目建设。符合条件的重大项目优先作为年度重点项目,同等条件下优先申报。加快集聚区内高新技术企业项目申报,加大财税和金融扶持力度。对财政贡献较大的企业,在银行流动资金贷款上可适当给予贷款贴息。属于国家重点支持的高新技术企业,可适当减免企业所得税。加大人才政策支持力度,在引进高层次人才、设立科研机构、吸引留学人员创业等方面向产业集聚区重点倾斜。对产业集聚区引进的高层次和紧缺人才,适当实行优惠措施。

第四篇章

开启产业政策新效应

杭州物联网产业发展的政策支持

政策是影响企业战略的重要变量，灵活的政策倾斜是物联网产业发展强有力的制度保证。本文就完善杭州物联网产业发展政策进行探讨。

（一）构建创新机构，完善支撑体系

以政府主导、整合共享的原则，加强与国内外知名高校、科研机构和物联网龙头企业的科技产业合作与交流，采取引进、合作、培育的方式，建立杭州市物联网技术及产业研发机构，成立并健全第三方物联网中介服务组织。

1. 组建物联网研究院

积极组建杭州市物联网研究院。根据“需求牵引，技术推动，示范先行”的原则，以中国电子科技集团公司所属物联网研究机构为核心，鼓励杭州物联网企业、研究机构以及高校积极参与，建立在技术、设备、人才等方面都具备国内一流水准的物联网产业研究机构。以杭州市物联网研究院为核心，整合多方优势资源，加强物联网领域的科研、生产制造以及产业化应用与推广，积极主导并参加物联网相关技术标准的制定，推进物联网技术产业化，执行重大试点示范项目，支撑全市物联网的发展。

2. 成立物联网协会

联合政府、企业、高校、科研机构、通信运营商等机构，成立杭州市物联网协会。加强物联网技术交流、产业链分析、标准研究和产业咨询服务等方面的工作，制定物联网行业市场与自律规范，开展物联网服务认证、行业交流、项目评估、招商引资等活动，逐步建立符合国际规则的创新型物联网服务组织。

3. 建立技术创新与应用推进中心

联合电信运营商、高校、科研机构、科技园区、龙头企业等社会各方资源力量，以其中一方为主导，建立杭州市物联网技术创新与应用推进中心，以“引导产业发展，推动技术创新”为宗旨，搭建包括物联网产品展示、应用技术方案展示、科技成果展示、物联网示范应用等内容的物联网应用与产业推广平台，全面系统地展示物联网发展现状和趋势，加快物联网技术与应用发展步伐。

4. 成立人才培训中心

依托杭州师范大学，整合高校、科研机构、企业等多方资源，成立杭州市物联网技术与应用服务人才培训中心，并建设成为物联网新技术推广与应用、科技创新与创业人才培养以及面向社会进行科普教育的示范基地。中心将集教学、实训、学习、演示、研发、设计、生产、体验等功能于一体，涉及物联网技术体验中心、物联网技术应用创新中心及物联网技术专门人才实训中心等功能区，为杭州市物联网产业发展提供人才培养和培训平台。

5. 建立信息安全测评与认证中心

依托政府、浙江大学、软件测评中心以及浙江大华科技、华为杭研所等组织和企业，面向物联网信息感知、数据传输、计算处理和系统应用等多个层面，分析制约物联网产业发展的安全因素，建立面向物联网应用领域的安全测评和认证中心。充分调动应用方、第三方资源、政府监管等各层面的积极性，努力建设覆盖多环节的信息安全保障体系，包括身份认证、节点认证、加密机制、安全隐私、审计追踪、态势分析与预警等，逐步构建形成保障物联网产业良性发展的措施和安全环境。

（二）突破核心技术，增强创新能力

依托杭州在物联网关键部件和核心技术方面的优势，加强自主研发，突破传感器、芯片制造、智能通信与控制等关键核心技术，抢占竞争制高点，为物联网产业快速发展提供技术支撑。

1. 射频（RFID）及应用技术

重点攻关基于不同应用对象的超高频和微波频段 RFID 标签天线设计技术、标签芯片的安全加密算法及其实现技术、多标签防冲突和多读写器防冲撞技术、特种标签封装关键技术、RFID 与传感器集成融合技术等。研发 RFID 应用中间件、超高频（UHF）读写器核心模块、适用于实时定位的 RFID 软硬件

等产品，并实现产业化；加强 RFID 在现代物流、公共管理、先进制造等领域的应用技术与标准规范研究，形成系列软硬件与集成解决方案。

2. 传感网(WSN)及新型传感器技术

重点研究各类物理、生物(化学)传感器及海洋监测高性能传感器的设计与制造技术；研发小型化、低功耗、低成本的微传感器，基于 MEMS(微电机系统)的智能传感器和微系统产品。面向大规模、无线、自组织、无基础设施支持等特征的无线传感网建设需求，着力突破无线传感节点组网与协同处理技术、节点定位技术、网络容错设计技术、安全设计技术、网络拓扑控制技术、多传感器的信号检测与信息融合技术等。

3. 短距离无线通信技术

基于低成本、低功耗和对等通信等短距离无线通信的技术需求，着重针对 WiFi、蓝牙、近距离通讯、高频 RFID 等通信手段，研究面向多应用领域的信源编码、传输协议、防冲突机制、移动应用等技术，突破短距离无线通信与 RFID、微传感器的集成应用技术，研发相关接入网关设备、嵌入式终端设备，形成系列短距离无线通信应用终端产品。

4. 物联网络协同技术

在物联网络层面，研究区域性物联网、企业级物联网基础设施体系构架技术，着重突破大型 ONS(对象名解析服务)平台的设计与实现技术、服务发现与搜索技术、物体标识解析与访问控制技术、网络安全与信息加密技术、组网与协同管理技术以及物联设备设施注册管理技术等。加强基于物联网络的接入管理、运维管理、应用管理、运营服务等领域的研发，形成相关标准、协议和服务模式等。

5. 物联网应用系统集成技术

在物联网的重点应用领域，研究感知层、传输层、应用层的网络综合集成技术、实时感知与自动控制集成技术、适于多领域的感知数据云存储与智能处理技术。根据行业应用特点，研发采集终端、应用管理软件、数据库、服务平台等多领域的解决方案与集成应用技术，形成面向特定领域的一系列软硬件产品或服务平台。

（三）试点示范领域，拓展行业应用

以点带线，以线串面，先示范、后推广，重点实施智能电网、智能交通、智能物流、智能家居、环境检测、智能工业、智能医疗、智能农业、智能楼宇节能、智能金融服务、智能汽车和智能空港等一批物联网应用示范工程，拓展市场应用空间，培育核心竞争力，加快形成杭州物联网产业集群。

1. 智能电网

建立基于物联网技术的变电站高压电气设备和输配电线路装备安全监控网络与平台，开展变电站的巡检、高压气象状态检测、电力设施状态监测、设备故障诊断和高空塔架应急抢险等智能电网的应用，实现变电站高压电气设备和输配电线路装备远程监控和故障预警，保证电网的可靠、安全、经济、高效运行。建立基于传感网技术和3G网络的用电智能管理平台，开展用电智能监控、智能计量、电子化抄表、通知、自动缴费、智能的故障错误定位和对用户用电量实时监测、跟踪、警报等应用，实现自动抄表、科学分摊、分时统计、限量使用等用电智能管理，提升电力基础设施精细管理和运营能力，使电力可以随需配送及使用，避免浪费或紧缺的情况。

2. 智能交通

开发应用于智能交通的RFID读写器和标签、物联网控制器及其他传感器和控制器，实现机动车辆的智能识别，实现高速公路、主城商圈停车场、居民小区停车场等场所的智能化收费和管理，建立事故预告、预警、预防系统，发展网络交通，率先在杭州普及“基于RFID的智能交通管理与服务系统（电子车牌）”应用。开发和制造基于GPS，GIS和3G网络技术的车辆运行管理终端，进行车辆运行状态信息的采集，实现车辆运行过程的智能化管理。开发微型车辆防盗终端，实现车辆盗窃监控、报警、跟踪和远程处置。研发用于路面、桥梁、隧道等交通基础设施和重要结构物的智能检测与预警设备，实现高速公路及相关设施建设、运行、管理、维护的智能化。

3. 智能物流

研发和生产集装箱RFID标签、电子关锁、车船货物跟踪终端、各类读写器、冷链专用传感器、物流通信设备等产品，建设保税物流智能管控平台、钱塘江物流信息公共服务平台、铁路物流信息公共服务平台、食品冷链及农产品物流信息服务平台等运营平台，大量采用物联网技术和设备，率先应用示范，将杭州建设成智能物流高地。

4. 智能生活

推动射频识别技术、无线传感器网络技术、多媒体视频技术与家用电器、消防设备、医疗器械以及水、电、煤气、照明等有机融合，为构建智能家居环境，实现实时动态交互、在线监控、动态管理等功能提供必要的技术保障和支持；将研发技术和成品较好地应用于金融领域，研发 IC 卡、RFID 技术、市民一卡通、手机支付卡等，用以提高金融系统的安全性和稳定性，以便更好地为广大用户提供更人性化、更便捷的金融服务。

5. 环境检测

建立水资源调度管理信息系统、山洪灾害防治及防汛预警系统和应急处理平台，为减轻水资源短缺灾害、应急处置突发供水事件等提供决策支持；研制干旱、高温、雨雪冰雾等极端气候的监测设备，建立分布式环境监控预报中心，进行气候监测和预警；建立地质灾害监测及预警平台，对地震、泥石流、地面塌陷等地质灾害进行监控和预警。

建立森林生态智能监测预警平台，提供森林生态预测和预警，开展经济林、风景区、森林旅游应急救援等方面的增值服务。建立各类污染源监测监控平台，实现对监测点位污染信息的自动获取，全覆盖、全自动、全天候监控污染源。

6. 智能工业

建立支持装备和制造过程的网络化集成运行的车间制造过程信息化系统，建立支持生产执行监控、生产计划与作业排产、质量控制、远程监控与管理等功能的制造执行系统，实现连续行业生产过程的智能化控制，提高生产效率和能量利用率，减少污染物排放。开展支持车间无纸化生产作业、制造过程状态信息采集、设备监控、数控程序上传下载与优化管理、能耗监控、生产过程环境监控、生产过程远程监视与管理等方面的应用；在机械加工、电子元器件制造、汽车、家具、五金、医疗设备等行业，实现制造过程的可视化管理，降低成本，提高生产效率和产品质量。

7. 智能医疗

建立集成化医疗协作平台，实现医疗信息和资源共享。研发和制造智能微胶囊、智能机器人、在线检测设备、药品溯源标签等产品。建立基于RFID和条码技术的药品智能包装和跟踪平台，实现药品过期自动报警、药品运输销售跟踪、受限药品的实时跟踪管理等。建立远程医疗监护，对病人的生理参数进行长时间连续跟踪和分析，实现重症病人、老人健康等的跟踪和监护。

8. 智能农业

建立农业生态监测平台，对干旱、水灾、虫害等进行监测和预警。研发各类农用敏感元器件、传感器和各类设施农业远程监控设施设备，建立温湿度、光照、土壤温度、CO_2 浓度、土壤结构、植物营养、含水量、病虫害等农业环境参数的实时采集和智能远程控制系统，达到对农业园区的智能化控制管理。

9. 智能楼宇节能

将传感技术、无线通信技术与能耗计量控制设备相结合，实现对能耗的分类、分项计量检测，对建筑用能进行精细化控制，为杭州打造低碳生态城市提供技术支撑。

10. 智能汽车

以杭州福特汽车、浙江吉利汽车等企业为牵引开发导航信息资料库、GPS全球定位系统、道路状况信息系统、车辆防碰系统、紧急报警系统、无线通信系统、市政道路信息系统以及自动驾驶系统。开发基于车载芯片，整车电子控制系统，GPS，3G通信设备，摄像控制，红外测距设备等技术的车辆网系统，可以通过终端设备远程控制汽车。

（四）推进产业项目，提升发展质量

1. 物联网终端产品制造与产业化

借助物联网战略终端产品，促进产品与网络的深度融合，培育创新型的物联网产品服务运营模式，形成新型的物联网终端产品服务产业。结合杭州市产业特色以及“三网融合”的契机，着力高端制造，针对三网融合、数字家庭、智能电网、智能交通、医疗健康服务等物联网应用需求，推进物联网技术在产品升级换代中的应用和物联网战略终端产品的研发制造，研发并产业化物联网终端产品，形成包括芯片设计、传感器、软硬件产品、制造装备、服务平台等物联网上下游产业链。

2. 多功能移动终端产品研发与产业化

形成覆盖电子标签、传感设备、中间件开发、读写模块、产品制造、测试验证、系统集成等环节的移动通信终端产品产业链。抓住"无线城市"的发展契机，围绕产品防伪、食品追溯、手机钱包、物品跟踪、旅游服务、社会监管等物联网应用，融合 RFID，读写器，二维码，GPS，智能感知，位置服务，应用软件等技术和手段，研发适合多应用领域、融合多功能的移动终端产品，开发适合于移动通信终端的嵌入式超高频读写模块等配套产品，满足身份识别、物品识读、电子信息交换等物联信息采集与管理需求。

3. RFID 特种标签等产品研发与产业化

立足高端制造，围绕 RFID 产业链，加强自主创新，推进核心技术研发。深入推进 RFID 天线设计、标签封装、特种标签生产及超高频读写设备、工业级读写器以及 RFID 中间件的研发生产。引进、培育大型 RFID 相关产品制造企业，构建 RFID 产业链，壮大 RFID 产业。

4. 新型传感器产品研发与产业化

结合物联网感知层面的应用需求，引进国内外创新团队和高端人才，重点突破新型传感器的关键技术、单元产品与集成系统的研发设计制造瓶颈，大力发展低功耗低成本的微传感器、基于 MEMS 技术的智能传感器、水下传感器产品的研发与制造，着力推动无线传感器节点研发生产以及无线传感网络系统研发，实现微传感器、智能传感器、传感网的产业链构建与产业化，拉动杭州半导体、新材料、自动控制、集成电路等产业的发展，提升杭州先进制造业的研发水平和产业质量。

5. 物联网应用系统集成解决方案研发与产业化

加速物联网技术的实际应用，促进物联网技术的深入研发，拉动 RFID、传感器、无线通信、嵌入式软硬件、基础软件等产业的发展，打造杭州物联网应用产业集群，提升社会信息化水平。面向智能交通、城市公共管理、民生工程、工业生产、海洋遥感遥测等物联网重点应用领域，扶持、培育、引进一批物联网技术与应用解决方案系统集成商，研发形成一系列的面向特定应用领域的物联网应用软件产品与系统集成解决方案。

6. 区域性物联网信息基础设施建设

建立物品、设备注册机制，出台物品解析与共享访问标准、设备及感知信息接入标准，打好物联网应用基础，催生基础设施运营服务产业，提升物联信息服务产业产值。立足区域性物联网络的构建，整合电信运营商资源，建立政府主导、社会各方联动、第三方服务商跟进的建设发展模式，重点推进地区、行业、大型企业的大型物联网平台基础设施建设，实现企业、行业、区域物联信息的解析和共享利用。充分调动第三方社会资源，开展物联网公共资源共享平台、物联网信息交换平台、传感网信息管理平台等 3 类共性基础支撑平台的建设与运营，提高物联网资源的整合能力，研发形成一系列基础支撑软件产品和中间件产品。

7. 物联网服务运营平台建设与应用服务

在互联网与物联网的融合领域，充分利用数据中心、高性能计算中心等资源，面向多领域、多行业，促进物联网服务与电子商务、信息服务业、售后服务产业等业态的融合，培育、推进无线传感信息云存储与应用服务、特定领域的云计算平台服务、安全认证服务、第三方可信计算环境服务等平台建设。引进、扶持多领域应用服务商，形成产业集聚，积极探索、培育、壮大具有创新商业模式的第三方物联网运营服务产业，使其成为物联网产业的重要组成部分和增长引擎。创新商业模式，鼓励“网业分离”的建设运作模式，开展网络接入、接口规范、访问控制、数据操作、信息安全等技术标准和规范研究与应用服务，加速物联网与互联网的融合。

紧急经济对策效应跟踪研究

——基于杭州市消费券的实践

消费券由政府部门发放，以财政收入为依托，相当于给市民的现金补贴，是一种直接拉动消费的做法。早在1938年，英国经济学家詹姆斯·米德于在《经济分析与政策导论》一书中就提出社会分红理论，这项理论与“税收返还”后来被作为“反周期性经济波动”的政策工具，在经济萧条时期起到扩大消费的作用；2008年12月，针对蔓延全球的金融危机，罗伯特·蒙代尔在“2008国际金融市场分析年会”上呼吁，中国和美国政府都可采取向民众发放购物券的方式刺激消费，他认为，中国如果在1个季度内发放1万亿元消费券，将带动每人消费800元，可拉动3个月GDP增长；日本的实践却表明消费券对GDP的拉动作用微乎其微，1999年，日本为了应对泡沫经济和亚洲金融风暴带来的危害，由政府向15岁以下65岁以上以及弱势群体发放消费券，总值达6000余亿日元，最终这笔消费券仅三成用于消费，其余则被转化成现金存入银行。

以杭州为首的地方政府派发消费券之风在国内兴起，一度成为社会关注的焦点。时任商务部部长陈德铭对地方上发放消费券扩大内需的做法给予了肯定；副部长姜增伟认为，成都、杭州等城市发放消费券拉动消费，是在特殊条件下采取的特殊办法，是一种比较可行的选择。地方政府掀起的这轮“消费新政”究竟能否拉动内需、提振经济？关于消费券作用，国内专家们观点迥异，莫衷一是。赞成者认为消费券能救急解困、拉动内需，且政治效果大于经济效果（深圳市社科院李佐军、陈纲军、王小刚、陈杰等，2008）。反对者认为发放消费券是饮鸩止渴、挖沟填沟的大傻事。如胡守钧（2008）认为消费券有向促销券异化之势；陈宪（2008）也认为有的消费券倾向于鼓励使用者购买本地产品，这种制度设计上的厚此薄彼亟须纠正。学界的普遍反应是：不能对消费券的作用估计过高，更不能使其演变成非理性的跟风;消费券确实能在短时间内诱发人们的消费热情,但不会从根本上改变人们的收入预期,因此也不可能改变人们的消费预期,刺激消费需求。要真正拉动内需,必须有实质性的增加老百姓收入的手段(左小蕾、邓聿文、李曙光、王全弟等,2008)。

在我国,消费券发放属于首次尝试。消费券现象本身具有丰富的内涵,对其进行深刻探究有助于丰富完善社会分红理论,揭示消费券带动经济增长的传导机制,提出完善消费券发放的具体政策措施,能为政府提供前瞻性的决策参考。杭州作为第一个倡导并实践的城市,消费券对杭州社会经济的作用及造成的问题为研究提供了基础。本文对杭州消费券的运作及政策效应进行了跟踪研究,第一部分阐述杭州消费券的发放理念及运作机制;第二部分探讨了杭州消费券的政策效应;第三部分剖析了消费券存在的问题及运作隐患;最后是结论和政策建议。

一、杭州消费券的发放与运作

(一)消费券发放的背景、理念与类型

2009 年一季度杭州 GDP 只增长了 3.4%,结束了十多年来两位数的增长,这也表明杭州受国际金融危机冲击的程度相当大。为了尽快促使经济止跌回升、保持应有的增长,防止经济陷入恶性循环,杭州认识到战胜国际金融危机必须以扩大消费为突破口,坚持增强消费能力、改善消费预期、提升消费信心、扩大消费需求"四管齐下",形成"组合拳"。为真正达到促消费、扩内需、重民生、保增长的目的,杭州市政府在牛年新春之际,市、区两级财政安排 1 亿元资金,向 67 万人发放消费券(发放对象和标准见表 1)。消费者凭券于 2009 年 1 月 24 日至 4 月 30 日期间,可到指定商户买商品、办宽带、看演出、看电影、健身、旅游等,并可享受一定的优惠。

表 1　杭州消费券的发放对象和标准

发放对象	组织发放部门	发放标准
已纳入社会化管理的企业退休人员	由市劳动保障局牵头负责发放,各区政府、街道(乡镇)和社区(村)协同配合	200 元/人
享受城镇生活保障待遇的老年居民		200 元/人
享受农村居民养老保险待遇的人员		200 元/人

续 表

<table>
<tr><th>发放对象</th><th>组织发放部门</th><th>发放标准</th></tr>
<tr><td>持有杭州市困难家庭救助证的家庭享受成员</td><td rowspan="3">由市民政局牵头负责发放，各区政府、街道（乡镇）和社区（村）协同配合</td><td>200 元/人</td></tr>
<tr><td>家庭人均收入在低保标准 120%—140%的困难家庭享受成员</td><td>200 元/人</td></tr>
<tr><td>享受生活补贴的征地农转非劳动年龄段以上人员</td><td>200 元/人</td></tr>
<tr><td>持有中华人民共和国残疾人证的残疾人</td><td>由市残联牵头负责发放，各区政府、街道（乡镇）和社区（村）协同配合</td><td>200 元/人</td></tr>
<tr><td>市属、区属中小学学校的在校学生</td><td>由市教育局牵头负责发放，各区政府、街道（乡镇）和社区（村）协同配合</td><td>100 元/人</td></tr>
</table>

资料来源：杭州财税局（网），下表不做说明均相同

在“财政补一点，企业让一点”的双重刺激下，持券市民的消费热情逐步释放，通过消费券的催化效用，消费券拉动消费的乘数效应在杭初步显现。为进一步鼓励消费，拉动内需，改善民生，促进就业，杭州坚持“与第一阶段发放工作相衔接、商品消费和服务消费相结合、企业减负解困和促进就业相结合、财政补助与自愿购买相结合、确保财政收支平衡”的五项原则，于 2009 年 3 月 18 日启动了种类更多、受益面更广、使用更加方便的升级版消费券（表 2）。

表 2　杭州升级版消费券种类

类型	特点	发放金额（万元）
政府消费券	使用财政资金发放的公益性、红利性消费券	1700
社会消费券	单位和个人（含中外游客）按照自愿原则购买的非公益性、非红利性消费券	6000
转移性消费券	企业为实现保就业、保收入，用政府拨付的各种产业发展扶持资金和企业扶持奖励资金发展再生产和缴纳社会保险费后购置的用于企业购买商品、服务及用于职工福利的消费券	25000
旅游消费券	政府适当资助、专门向来杭旅游者发放的消费券	15000
教育培训消费券	用于资助困难企业职工在岗培训、市区常住成年居民参加职业资格证书培训、“双证制”成人职高文化课培训、在杭应届大学生参加职业资格证书培训、市区非公办义务教育阶段进城务工人员子女学校在校生和市区困难家庭子女在杭大学就学的消费券	12000

为最大限度放大消费券的“乘数效应”，充分发挥财政资金“四两拨千斤”的作用，杭州再次从提高人均受教育年限、企业减负解困、增强新杭州人归属感等多重角度考虑，坚持“财政补一点、企业让一点、市民拿一点”的原则，充分调研、慎重决策，确定了升级版消费券的发放（发售）对象和标准，详见表3。

表3　杭州升级版消费券发放（发售）的对象和标准

类型	发放（发售）对象	标准
政府消费券	市区享受国家抚恤补助的优抚对象	200元/人
	市区享受市财政生活补贴的离岗居委会干部	200元/人
	市区享受政府生活补贴的“五八城迁”人员和农婚知青	200元/人
	市区持有效杭州市就业援助证的实际失业人员和不享受灵活就业社会保险补贴的灵活就业人员	200元/人
	市区以外纳入市区第九次“春风行动”帮扶救助范围的市属企业困难家庭成员	200元/人
社会消费券	单位和个人（含中外游客）	自行确定
转移性消费券	符合减负解困促发展财政扶持政策的大企业集团和中小企业	根据减负解困促发展政策确定
旅游消费券	来杭旅游者（面向以上海为重点的长三角地区和日本、韩国等境内外旅游市场发放）	市旅委另行制定
教育培训券	参加劳动保障部门核发的职业资格证书培训（含经市劳动保障部门认可的合格证书，下同）的市区成年居民	500元/人
	已取得劳动保障部门核发的职业资格证书，学历未达到高中层次、报名参加“双证制”（职业资格证书和学历证书）学历教育文化课培训的市区常住成年居民	1200元/人
	学历未达到高中、参加劳动保障部门核发的职业资格证书培训和“双证制”学历教育培训的常住成年居民	1700元/人
	在杭高校2009年应届全日制大学本专科（含高职）毕业生	500元/人
	进城务工人员子女学校在校生	300元/人
	在在杭全日制大学本专科就读的市区持有效杭州市困难家庭救助证家庭子女	2000元/人
	参加市区困难企业职工培训的在职职工（一般不超过实际培训费用的50%）	不超过500元/人

（二）消费券的使用原则及运作方式

杭州政府消费券和社会消费券的面值设定为 20 元，转移性消费券的面值设定为 100 元，使用期限从 2009 年 3 月 20 日至 2009 年 6 月 30 日；教育培训券的面值设定为 100 元，使用期限从 2009 年 4 月 1 日至 2010 年 6 月 30 日；旅游消费券每份面值 200 元，共发行 50 万份，总价值 1 亿元人民币，其中英、日、韩文版各 6 万份，使用期限从 6 月 1 日至 10 月 31 日。消费券在使用及运作方面有以下特点：

(1)使用方便，享受消费优惠。杭州可接受消费券的商家和教育培训机构曾达 2229 家，其中商贸类 1783 家；杭产家电直销点 107 家；旅游景点及景点商家 56 家；文化娱乐与体育健身行业 82 家；教育培训机构 201 家。行业范围广，商贸、杭产家电、旅游、文化娱乐及体育健身、餐饮、通讯、医药、农贸、教育培训等均可用；地区范围大，除在杭州市区消费外，还可到萧山、临安、桐庐等七县(市、区)消费；商家多，本着“自愿报名、主管部门审核”的原则，更多的商家参与进来，消费者选择的余地大。并且，消费券享有不同的优惠标准，具体见表 4。

表 4　杭州消费券的使用范围和优惠标准

消费类型	使用范围	优惠标准
商贸类	指定的连锁超市、连锁便利店、商场、家电卖场、手机连锁店、书店(特定商品除外)	按面值享受增加 5% 的优惠，即 100 元面值作 105 元使用
	指定直销点销售杭州企业生产的彩电、冰箱、洗衣机等产品	按面值享受增加 18% 的优惠，即 100 元面值作 118 元使用
文化娱乐及体育健身类	指定的剧院、影院、演出场所等文化娱乐场所、健身场所	按面值享受增加不低于 20% 的优惠，即 100 元面值作不低于 120 元使用
旅游类	指定的杭州市旅游产品及景点	按面值享受增加 20% 的优惠，即 100 元面值作 120 元使用

(2)监督管理严格，确保百姓受益。杭州市政府把发放消费券看作是关注民生、体恤民情的举措之一，消费券印制、发放、使用、兑付、监管等环节环环相扣，各相关部门密切配合、精心实施，向市民提供优质服务，严格监督检查。从消费券使用之日起，组织人员对指定商家进行巡查，落实了专门的工作人员接受投诉、解答咨询；对消费券使用期间可能出现的倒卖、仿造、套现等违法违规行为，公安、工商部门及时予以打击；工商、物价、质监等部门加强对定点商家

的商品和服务质量的监管，防止假冒伪劣、以次充好、短斤缺两行为的发生；监察、审计等部门切实加强监督管理工作，确保消费券发放、使用各个环节的规范、有序。

二、杭州消费券的政策效应

（一）消费券的使用呈现不同特点

至2009年6月30日，社会消费券、政府消费券和转移性消费券使用期届满，杭州财政局共兑付消费券68747.66万元，兑现杭产家电财政补贴（13%）799.26万元。从杭州消费券使用和兑付的情况看，不同类型的消费券出现分化。其中，面向困难群体的公益性消费券中，76.78%流向了各大超市，购买商品以生活必需品为主；政府消费券流向各大超市的比例达76.31%；社会消费券中，因家电可享受的优惠幅度最大，28.63%流向杭产家电直销企业；转移性消费券，因持券企业或个人购买力较强，37.05%流向各大商场；教育培训券则主要用于民工子女学费，具体情况见表5。

表5　杭州消费券的主要使用场所及比例

类型	使用场所	比例	类型	使用场所	比例
市民消费券	超市	76.78%	政府消费券	超市	76.31%
社会消费券	超市	22.67%		商场	9.57%
	商场	26.78%	旅游消费券	旅游景点	41.17%
	电器连锁卖场	14.77%		餐饮住宿	49.41%
	杭产家电直销企业	28.63%	转移性消费券	超市	30.85%
教育培训券	民工子女学费	62.62%		商场	37.05%
	高校应届生就业培训	37.21%		电器连锁卖场	15.09%
	困难家庭大学生补助	0.17%		杭产家电直销企业	5.57%

注：(1)时间：2009年2月1日—7月29日

(2)所占比重不满100.00%均为在其他场所消费

（二）消费券对杭州经济的拉动作用

对于消费券所能起到的拉动内需作用，政府无疑都寄予了厚望。杭州消费券发放总体效果明显，因为很多市民和游客在用完消费券后，开始选择掏腰包购买所需的商品或服务，通过消费券的作用，实现消费增加带动生产增加、生产增加带动收入增加、收入增加又带动消费增加的良性循环，消费券的乘数效应显现出来。主要表现：一是销售收入大幅增长，消费券广泛使用的背后是销售收入的成倍增长；二是带动生产恢复、扩大，华日、松下等家电厂家，纷纷调整生产计划，扩大生产规模；三是提升了居民生活品质，通过使用政府发放的消费券，市民既可以购买柴米油盐等生活必需品，也可以购买家电、手机等改善生活的用品，还可以去旅游、看电影、健身等，从而提高生活品质；四是提振了消费信心，发放消费券表明政府保持经济增长的信心和决心，有利于搭建党政、企业、媒体、市民"四位一体"的提升消费信心体系，有助于市民改善消费预期、提振消费信心。

据课题对杭州旅游消费券发放使用的专项调查，持券游客手中每张 10 元的杭州旅游消费券拉动了 289.45 元的在杭消费。据杭州旅游部门统计，2009 年上半年，杭州市接待国内游客 2472.10 万人次，同比增长 12.8%，实现国内旅游收入 333.50 亿元，同比增长 15.8%，接待人数和旅游收入增幅分别高于去年同期 5.2 和 3.9 个百分点。实现旅游总收入 381.45 亿元，同比增长 15.1%。在这些数据中，杭州旅游消费券对于促进游客来杭旅游、促进在杭消费、增加在杭停留天数均起到了较大的拉动作用，乘数效应非常明显。

（三）消费券的综合政策效应

与成都雪中送炭的"特惠"型消费券相比①，杭州消费券似乎是锦上添花的"普惠"型，消费券的发放对象涵盖面较广，着眼的是拉动内需的"乘数效应"。其实，杭州消费券的综合政策效应非常明显：一是带来立竿见影的消费增量，成为外需拉动经济增长转向内需推动经济发展的一个切入点，为经济迈入"内需时代"起到了助推作用；二是将政府民生服务理念提升到实践的层次，也是政府由经济建设型向公共服务型转变的契机，鲜明导向的公共政策变革对其他城市也具有标本意义；三是教育培训消费券凸显惠民、稳定、投资、补救等多重效应，"授人以鱼不如授人以渔"，提高困难人群的就业能力是一种可持续性的帮助方式，不仅仅是扩大消费，也是减小社会贫富差距，让人民群众真正分享改革成果最直接、最有效、最简单、最有力的办法；四是杭州旅游消费券成为

① 成都民政局将消费券发放给城乡低保、农村五保及城乡重点优抚对象，主要用于购买米、油等生活必需品，主要着眼于补贴民生，消费券更像政府的救助金、扶贫款，是民心工程。

全国发布最早也是知名度最高的旅游消费券，旅游消费券是中外媒体关注的焦点、广大游客追捧的热点，每一份旅游消费券都是杭州旅游最好的宣传品，旅游消费券提高了杭州城市的知名度和美誉度，提升了杭州旅游在市场上的影响力与好感度。如 2009 年 7 月 24 日 Google 上搜索符合“杭州旅游消费券”的查询结果就上升为 998 万项。

三、消费券存在的问题及隐患

（一）杭州消费券出现的主要问题

1. 出现伪券

2009 年 5 月 28 日，部分商家反映有疑似假的转移性消费券，经鉴定、核实，发现确有伪券出现。当晚，杭州市消费券领导小组办公室召开紧急会议，由消费券兑付点的全体成员、纳税人之家的专职专家、青年突击队员等共计 32 位同志组成一支特殊的队伍，调查伪券流通情况，并对定点商家进行培训，防止伪券的进一步流通。走访转移性消费券兑付排名靠前的 80 家定点商家（据统计，该 80 家定点商家转移性消费券兑付金额占到了兑付额的 98.38%）。一方面提供现场兑付服务，第一时间排除伪券；另一方面对收银人员进行培训，提高防伪、辨伪水平，消费券使用定点企业都配备验券设备，加强回收消费券的检查和鉴别，确保消费券回收安全顺利。

2. 消费者的投诉

升级版消费券使用后，消费者投诉有所增加，主要集中在促销商品购买中消费券面值的 5%优惠问题，个别定点企业擅自决定个别商品不享受消费券面值 5%优惠。杭州市贸易局多次召集相关企业负责人开展会议，强调既然企业、政府都对消费者做出了优惠承诺，即便商家出现亏损，也应按承诺兑现。另一方面，认真做好消费者的电话投诉和信访投诉，按照规定逐一处理，及时予以纠正，确保了持券人满意消费。

（二）消费券存在的一些隐患

1.消费券引发的系列法律问题

（1）从我国法律上讲，印制与派发消费券是不合法的行为。发行消费券与《中国人民银行法》的相关条款相背离[①]，并造成了人民币的替代品在市场上流通，很可能会破坏国家货币政策的应有作用，对国家货币政策造成一些冲击。

（2）地方政府发放消费券的资金，如果来自于财政资金转移支付规模的扩大，则需要报经预算管制程序的审核，因此，其理应受制于立法机构的监管，而非行政部门所能独断。如果消费券资金不是源自财政转移支付，则明显违背了货币发放管理的基本法律规定，属于地方政府私自涉足于货币发放领域，其涉嫌违规的性质将更加严重。

（3）派发消费券可能会导致消费券的倒卖行为，形成消费券“黑市”，引发非法交易，其结果是增加消费券派发的社会成本，降低刺激消费的成效（2009年初，台湾当局派发的消费券尚未完全进入市场，市面上就出现折价收购消费券的广告。一旦出现消费券“黑市”，公安、城管、工商管理等部门就要介入，消费券引发的社会成本就会增大）。

（4）消费券的防伪困难，特别是消费券数额的扩大、流通时限的延续会增大伪造风险。

2.消费券引出的税收问题

对于“消费券”实现的销售收入和利润，国家是否应当征收营业税和所得税，如果征收就是对补贴支出重复征税，如不征收就有可能使得不是“消费券”收入的税收流失。如何甄别免税部分，“消费券过期作废”的规定势必使得企业不会保留消费券，“无凭无证”让政府如何免税？

3.干扰市场的正常运行

指定商品的消费券并不能体现消费者的真实意愿，甚至会对正常消费产生挤出和替代效应。同理，企业也会因信息失真，导致市场失灵、资源浪费的

---

① 《中国人民银行法》第十八条规定：“人民币由中国人民银行统一印制、发行”；第二十条规定：“任何单位和个人不得印制、发售代币票券，以代替人民币在市场上流通。”

后果，更加不能在市场中优胜劣汰。另外，消费券不同于现金，有其使用期，到期后无法流通，收到消费券的商业企业应如何办理？如果集中兑现，必然加大商业企业的负担并提高该行动的成本，如果不能保证及时兑换畅通，则对企业来说是资金的占用，引发企业的变相抵制行为，反而不能刺激经济。

4. 影响宏观经济统计指标的真实性

凯恩斯学派认为：货币供给是一个经济系统的外生变量，货币供应量是国家调控宏观经济的重要手段。由于"消费券"作为一种脱离了金融体系的支付手段，任何层次的货币统计都无法反映这种支付手段所新创造的货币供应量，相反还会引致各层次货币统计中数量和对比关系的变化，都不利于央行对于货币供应量的控制，进而影响宏观经济的运行。

5. 发放消费券本身不是一个可持续的政策

消费券政策是一次性的短期政策，没有后续的投资和资金，不能形成消费—投资—生产—收入—再消费的正常循环，从而达到刺激经济保持正常持续增长的目标。更要引起注意的是，不能以政府全部或部分放弃当期可调动和调控经济的资源为代价，使经济增长缺乏民间动力的同时，失去驱动和引导的政府投资能力。

6. 消费券供货商公开招标问题

发放消费券解决民生问题和拉动内需是一种新尝试，一些地方消费券的供货商还没有被纳入政府集中采购目录中。政府公共支出是一笔巨大的数目，应该按照法定程序被纳入集中采购目录。财政资金应依法监督使用，唯有公开招标才能找到价廉物美的供货商，让消费券"币"有所值，需要提高政府的透明度和公信力。

四、结论和政策建议

（一）杭州的启示

在非常时期推出消费券是非常之策。消费不足是我国经济危机的起点，扩大消费则是战胜经济危机的良方，抓住消费，就抓住了应对经济危机的关键。扩大消费需要坚持“四管齐下”，解决增强消费能力、改善消费预期、提升消费信心、扩大消费需求等消费“四大问题”。发放消费券，虽不是“包治百病”的促消费“长效药”，救急不治本，却是解决上述“四大问题”的“催化剂”，是扩大消费的“特效药”。借助于消费券，杭州搭建了党政、企业、媒体、市民“四位一体”的提升消费信心体系，其成为“四位一体”提升消费信心的重要手段和载体。受财政规模制约，无论怎么扩大范围，对整个市场来说，消费券都只占少数，政府发放消费券的更大意义在于向公众释放拉动消费、保持经济增长的信号，向社会传递抱团取暖、转危为安、跨越发展的信心。鉴于此，在经济危机时期发放消费券，扩大实际购买力，激活整个产业链，不失为一个转危为安的“高招”。作为一个短期内刺激经济、恢复市场信心的措施，杭州消费券有不可抹杀的极其重要的价值，今后在经济危机时期，仍不失为一剂良药。

当然，从长远综合考虑，扩大消费，关键是要通过增加收入、藏富于民来提升消费能力，真正通过完善社保、减轻压力来释放消费意愿。因此，发放消费券政策不能长期施行，尤其不能长期大规模发放消费券。

（二）政策建议

（1）发放消费券应指定特定对象。消费券是食品券的衍生品，其功能一般应以“社会保障”为先，“刺激消费”为次，在经济危机的特定时期应当如何选择，值得深入分析，尤其是在不同的危机时段；由此，在发放对象上，也必须要有选择性，不能搞大锅饭或平均主义，而是要针对一些特定的群体做深入的分析、梳理，特别是低收入群体。

（2）效仿“挖沟填沟”模式，将消费券发放和公益劳动结合起来，如可作为参加任何一项新农村建设或者社区建设、种树环保、修路建桥的劳动回报，这样，消费券的作用就不仅在于拉动了消费增长，而且在于增加了工作机会，政策的效用将被最大化。

（3）加强消费券的发放、使用监管。要通过技术手段进一步优化防伪标识，要采取严打等切实措施杜绝消费券转为存款、消费券套现等现象。同时认真抓好消费券的统计和信息分析，尽可能减少对市场信息的混淆问题。

（4）建议央行发行“人民币消费券”[①]。

①对“人民币消费券”的设想。即由中国人民银行临时发行的、规定使用

---

① 杨红缨．地方“消费券”问题突出，建议央行发行“人民币消费券”[J]．经济师，2009(7).

方向、具有一定的使用期限(三个月、半年或一年期等)、不可兑换(存款)、同流通中人民币按比例使用的“人民币”。

②“人民币消费券”的作用。一是取代“消费券”的全部功能,增加货币的流动性,限时消费,拉动内需。二是扩大流通性,克服“消费券”的地域、行业限制。三是调动全社会的力量,促进经济发展。

③发行“人民币消费券”的可行性。一是中国人民银行是中华人民共和国的法定中央银行,具有法定发行人民币的权力。二是人民币是中华人民共和国的法定货币。三是“人民币消费券”发行完全可以根据我国经济发展状况来确定,避免对国家货币政策的冲击。四是“人民币消费券”具有一般人民币的全部反假技术。五是“人民币消费券”印制、发行、结算通过中国人民银行和商业银行来进行,可有效地控制开支,减少费用。

④“人民币消费券”操作概要。“人民币消费券”必须由人民银行垄断发行。方法有二:一是由地方政府向中国人民银行提出申请,向人民银行存入等额的财政资金(金额等同于“消费券”的金额),中国人民银行核准后,在不影响国家货币政策的前提下,向地方政府拨付等额的“人民币消费券”,由地方政府根据当地的实际情况投放发行。流通结束后由当地商业银行集中结算成一般人民币流通券(或转存),上缴当地人民银行销毁。二是由中国人民银行在现金投放计划指标内,按照正常的现金投放渠道直接向社会投放。

基于杭州旅游消费券综合效应的调研

2009 年初，国际金融危机的扩散与蔓延，对我国经济影响非常明显，旅游业更是首先遭遇困境。为了改变旅游业低迷的状况，拉动内需、促进消费，2 月 16 日，南京市率先举行了“南京乡村旅游消费券”摇号仪式，凡是被摇中的居民均可获得 100 元的旅游消费券，南京市政府共拿出 2000 万元，分 4 个月向市民派发乡村旅游券，目的一是通过推进乡村旅游，带动郊区县经济发展，促进农民增收；二是扩大城乡交流，丰富市民休闲方式。杭州市于 1 月 19 日召开“2009 年杭州好客年新闻发布会”，宣布 3 月 1 日至 5 月 31 日将向外地游客直接派发 4000 万元旅游券；在 2 月 10 日的旅游工作会议上，将 2009 年定为杭州市“消费促进年”。3 月份，宁波、苏州、扬州、无锡、广州、武汉等 20 多个城市也纷纷加入发放旅游消费券的行列，上海等城市针对本地或外地游客出台了众多优惠政策，拉动旅游消费已经成为很多城市的共识。各地政府寄希望于旅游消费券以唤起大众旅游消费的欲望，并通过旅游来带动当地吃、住、行、购、娱等相关产业链。大半年过去了，旅游消费券的使用期限也已截止，政府发放旅游消费券有没有达到初衷？企业及民众对旅游消费券的反响如何？旅游券的发放在我国毕竟是一种改革尝试，也是一种临时性、引导性的举措。客观地评价消费券的作用，对更好地贯彻执行国家以拉动内需为主题的宏观调控政策具有重要意义。

本文采用抽样调查法实证研究杭州旅游消费券的综合效应问题。抽样调查是通过问卷、访谈等形式进行调查，调查对象主要为政府公务人员（含旅游管理者）、旅游企业负责人（商家）和民众（含境外旅游者）。调研时间：2009 年 5 月—10 月。调研地点：杭州市（杭州市旅委、杭州市财政局、部分在杭旅游企业）；问卷总共发放 500 份，收回有效问卷 362 份，问卷回收率为 72.40%。

一、杭州旅游消费券发放的基本情况

为积极应对金融危机，刺激消费、扩大内需、促进增长、保障民生，实现国内旅游市场保总量、争速度、创品质、促消费，确保杭州旅游业成为全市最早走出金融危机困境的行业，确保市民游客在国际金融危机困境中享受的旅游服务品质仍有新的提升，吸引更多的国内游客来杭州旅游，促进杭州旅游业持续稳定较快地发展，杭州市政府决定把2009年确定为“消费促进年”，杭州市旅委精心策划“同游杭州，共享品质——2009杭州好客年”的主题活动。经过多方面调研，最终确定了发放旅游券的举措，并于1月19日率先召开新闻发布会，引发了全国的关注。之后将旅游券正式更名为旅游消费券，广泛发动全社会商家参与，使杭州旅游消费券成为全国发布早、知名度最大的旅游消费券。

（一）旅游消费券发放的形式

2009年2月开始，杭州向国内城市发放了240万份面值1.5亿元的第一期旅游消费券，其构成为“1＋7”模式，即1个市本级券加上所辖萧山、余杭、桐庐、淳安、建德、富阳、临安7个区县（市）券。第一期旅游消费券的单张面额为10元，市本级券10张组成一份，每份100元，共发行60万份，总额6000万元，可在大杭州范围内指定商家使用；区、县（市）券5张组成一份，每份50元，共发行180万份，总额9000万元，只限在当地的指定商家使用。其中市本级券中还包括针对港澳台地区发放的中文繁体版12万份。5月底，杭州推出了总额为1亿元的第二期旅游消费券，面向以上海为重点的长三角地区和日本、韩国等境外旅游市场发放。面额构成为：10元6张，20元4张，30元2张，每份200元，共发行50万份，总价值1亿元人民币，其中英、日、韩文版各6万份。第二期旅游消费券仅发行市本级一种旅游消费券。

（二）旅游消费券使用的范围

杭州旅游消费券可在杭州市区（含萧山、余杭）及富阳、桐庐、建德、淳安、临安五县（市）范围内的主要旅游景区、游船、饭店、餐饮、茶楼、足浴、旅游演艺等场所使用。游客在指定商家消费时，先享受商家原有针对散客的优惠待遇，再按实付金额，每满40元抵用10元券1张，另付30元人民币。第一期旅游消费券指定使用商家共有507家818个门店，第二期杭州旅游消费券指定使用商家844家，是国内使用范围最广的旅游消费券。使用期限均延期至2009年10月31日。

（三）旅游消费券回收的情况

截至5月31日，第一期杭州旅游消费券（市本级券）总回收64.3235万张，回收率为10.72%；到6月30日，杭州财政局共兑付旅游消费券306.69万元，第一期"杭州旅游消费券"已回收50多万份，回收率超过20%。[①] 根据杭州市财政局的统计，2009年2月1日—7月29日期间，使用旅游消费券主要集中于旅游景点和餐饮住宿（见表1）。

表1　旅游消费券兑付金额及比重

项目	兑付金额（元）	所占比重（%）
旅游消费券	4062505	100.00
旅游景点	1672280	41.17
餐饮住宿	2007440	49.41
其他	91890	9.42

资料来源：杭州市财政局

二、杭州旅游消费券的综合效应

政策效应的判断，取决于利益相关方的综合评价，本文将政府、企业及民众三方评价综合为旅游消费券政策的总效应。

（一）政府的自我评价

在调研中，政府公务员均认为，旅游消费券的发放，达到了预期目标，有力地向全国和世界宣传了杭州，对游客来杭旅游、在杭消费、在杭停留也起到了拉动作用，旅游消费券在经济、社会、文化等多方面取得了如下显著效益：

1. 旅游消费券提高了杭州的知名度和美誉度

3月1日之后，"杭州旅游消费券"成了各级媒体、社会舆论关注的热点和

① 第一期杭州旅游消费券延期至2009年10月31日。

焦点。中央电视台以新闻、深度报道等形式，在经济频道、综合频道、新闻频道连续播报了“杭州旅游消费券”的动态情况，在全国引发了很大的反响。人民日报、新华社等中央级媒体对“杭州旅游消费券”的发放和使用情况进行了连续报道。美国《洛杉矶时报》、法新社等海外媒体也纷纷对“杭州旅游消费券”进行了关注和报道，直接提高了杭州城市的知名度和美誉度。另外，杭州还被携程旅行网评为2009中国春季最热点旅游城市、2009“五一”小长假到达人气最旺城市第三名。

2. 旅游消费券给游客带来了实惠

3月初以来，灵隐飞来峰、灵隐寺、西湖游船、西溪湿地、雷峰塔、千岛湖风景区、楼外楼、知味观、维景国际酒店、外婆家等旅游企业都接待了大批持杭州旅游消费券的游客。通过对468份调查表和1359人次网络调查总投票结果进行分析，466名填写调查表的持券来杭游客，共使用了2936张杭州旅游消费券，平均每人使用6.8张旅游消费券，直接节约了旅游成本。大多数游客都说“这样好的旅游消费券应该多发”，同时对旅游企业提供的高品质服务表示满意，特别是后期推出的简化使用手续等7条新举措，得到了游客的高度肯定。

3. 旅游消费券让在杭旅游企业满意

金融危机波及了在杭旅游企业。在国际、国内旅游市场拓展难度加大的背景下，旅游消费券带来了全国各地的游客，杭州宾馆饭店、旅游车辆的出租率猛增，周末甚至出现一房难求、一车难求的现象。《宋城千古情》创下了单日演8场的历史纪录；《印象西湖》每周五、六各加演一场，反映了游客量和市场需求的大幅增加。

4. 旅游消费券直接拉动了杭州经济

2009年上半年，杭州市接待了国内游客2472.10万人次，同比增长12.8%，实现国内旅游收入333.50亿元，同比增长15.8%，接待人数和旅游收入增幅分别高于去年同期5.2和3.9个百分点。实现旅游总收入381.45亿元，同比增长15.1%。杭州旅游业发展能逆势而上，旅游消费券对于促进游客来杭旅游、促进在杭消费、增加在杭停留天数均起到了较大的拉动作用，乘数效应非常明显。据对杭州旅游消费券发放使用的专项调查，有82.62%的受调查人员表示旅游消费券促使持券人有来杭旅游的念头。持券游客手中每张10元的杭州旅游消费券拉动了289.45元的在杭消费，折算成财政资金的拉动效应为1∶57.89。[①]

（二）民众的直接感受

在调研问卷有效回答中，"您对杭州市委、市政府发放消费券政策的评价"，"满意"占80.5%；"基本满意"占16.7%；"不满意"仅占2.8%。"您认为杭州旅游消费券发放对宣传和推广杭州城市形象力度大吗？"回答"大"和"较大"的高达95%；只有5%的民众认为"一般"；没有人持否定态度。这两项说明了游客对旅游消费券有较高的认同程度。当问及选择来杭旅游的原因时，75%的持券消费者选择了"价格优惠"。由此可见，价格仍然是影响出游者购买行为的重要因素，危机背景下民众对价格特别敏感，物美价廉是大部分人选择旅游产品的标准。"您认为旅游消费券能带动杭州衣、食、住、行等其他消费吗？"89%的受调查者回答能拉动杭州的经济，9%的人回答"难说"，而回答"不能"的只有2%。在问题自由回答调查中，"您认为有什么比发放消费券更好？"回答"完善医疗、养老社保体系""提高收入""直接发现金"等比例较高。

在访谈中，许多游客认为旅游消费券涉及的门店与景点丰富，消费者选择余地较大；有两位游客觉得杭州发放消费券工作做得仔细，消费券背面还印上了一些旅游常用机构电话。

但对旅游消费券体验调查数据显示，43%的消费者认为在消费券使用过程中最大的问题是"使用门槛高，不够实惠"；甚至有28%受调查消费者认为"消费券噱头大于实用""真想让消费者得到实惠，不如直接打折降价"；35.6%受调查消费者觉得旅游消费券给人制造了大量混乱信息。有几位外地游客直言："杭州的旅游消费券确实很实惠，但是用起来太麻烦。"为了防止消费者和商家进行串通，所以规定使用时，必须要实名登记，并存留电话号码，这样一件本来非常好的事情，到最后公众还是有意见。杭州一些市民提议，"消费券发放安全第一，否则，有损城市形象"，因为3月1日，1.5亿元杭州旅游消费券在上海发放时，受到市民的热捧，但也引发了部分市民的哄抢。

---

① 根据杭州旅游局的专项调查。

（三）企业的肺腑之言

调研中，从事旅游企业的负责人员大都认为，旅游业是脆弱性强的行业，同时又是带动性强的行业，外部政治环境、经济环境等因素的变化都会对旅游业产生较大的影响。旅游业作为一个综合性的产业，其消费不同于一般的终端产品消费，对经济的全面拉动作用相对显著，特别是在不确定的经济环境下，旅游消费具有极强的恢复弹性。

在对“消费券政策是否有助于贵单位提升应对金融危机的信心?”一题的回答中，78%的企业认为，发放旅游消费券，体现了政府与企业合作抱团取暖、提振信心、开拓市场、共谋发展的决心，回答“否”的仅有2%。“贵单位对消费券政策的总体评价”，回答“满意”占65%，“基本满意”占12%，23%的“不满意”主要来自非定点消费企业，他们认为会影响自己的生意。“贵单位认为消费券有否起到促进消费、扩大内需的作用?”回答“能”高达91%，“不确定”占8%。旅游消费券在一定程度上拉动了经济，同时也激发了“隐性”消费，旅游券降低了成本，进而促使了消费的产生。“贵单位认为消费券发放是否提升了杭州的知名度?”回答“是”的企业也达78%，持否定态度的企业不到1%。

在与企业负责人的访谈中，个别负责人流露出“政府发放消费券需要花费一定的成本，不如直接给企业加大减税力度或发钱给大家”“与企业在节假日实行的打折优惠异曲同工，使用消费券给企业增加了工作量”等想法。相当多的企业认为，与很多永久性、长期性消费品不一样的是，旅游消费是永远不会饱和的，因此，在当前特殊的经济背景下，将拉动旅游消费作为拉动内需的重要路径，培育新的经济亮点，由政府主导发放旅游消费券，对拉动消费能起到一定的推动作用。

三、结论与建议

从杭州旅游消费券的综合效应评价而言，发放消费券是一个刺激消费的重要举措，体现了杭州市政府执政理念的创新，是可喜的社会进步。

（一）几点结论

杭州市率先走出了传统的中国式走投资拉动内需的老路，开创了具有自身鲜明特色的旅游消费增长点，充分发挥旅游消费券的“乘数效应”，以最硬的举措、最优的政策吸引八方来客，游客人数不断增加，旅游收入不断攀高。这不仅给杭州市带来了巨大的商机和财富，也为相关就业机会的增加做出了关键的贡献，起到了惠及民生的作用。此举不仅是单纯追求经济增长率的提升，还为杭州产业结构的优化和第三产业的发展提供了重要的契机。因而，旅游消费券不失为金融危机下经济增长的助推器。

杭州坚持以创新为导向，通过政府主导、企业参与、搭借传媒、阶段营销、区域联盟、特色服务等一系列旅游消费券策略的相关举措，实现了对旅游产品文化内涵的深度挖掘，推进了旅游业的升级转型。这将杭城的自然文化与人文文化相结合，融以人为本的精神于一体，为打造杭州特色的旅游文化，推进杭州旅游的可持续发展提供了绝佳的平台。该策略还适应了国民休闲旅游这一大的发展趋势，有助于与带薪休假制度相结合，有效调节客流、平衡景区承载容量，从而更好地唤起、促进友好型旅游消费行为。

旅游消费券的派送有助于增强旅游者的旅游效用，增加了普通民众的社会福利；另一方面，杭州也借此契机，积聚人气，树立信誉，提升其国际知名度和社会影响力，这一策略的诠释与演绎极大地弘扬了城市的品牌，展示了城市的竞争优势与发展活力。

（二）政策建议

旅游消费券作为新的“扩内需”手段，诚然有其重要意义，但要想最大限度地实现旅游消费券的预期作用，还应根据各地实际情况，科学选择、设计与安排发放旅游消费券的渠道，控制派发的目标群体，有计划地引导消费，充分体现效率、公平的原则；明确冲抵旅游消费券的资金来源，尽量避免或降低旅游消费券的发放对现行国家货币政策、税收政策及宏观经济的不良影响；完善旅游消费券的监督机制，建立相应的法律法规，规范其发行权、发行量及发行面额等。发放消费券作为提振人们信心的一种手段，短期内可以起到刺激消费的作用，在地方政府财政许可的情况下向有需求的群体发放消费券可增强他们渡过金融危机的信心。如果政府把它作为“扩消费，保增长”的一种必要手段，不顾财力的限制，一味跟风发放各种消费券，就起不到其应有的作用。

根据消费者理论，人们的消费倾向取决于收入水平、消费偏好、客观消费需要和消费预期等因素。人们当前的消费支出决策由其当前的收入决定，增加消费支出的决策则由其未来收入决定。也就是说，当你工作无忧、工资年年上涨时，你自然就会增加消费开支；反之，则会捂紧钱包“积谷防饥”。要解决中国经济发展结构失衡与民间消费不足的长远问题，更好的办法是建立公平的致富环境，政府减少与民争利、与企争利式的税收模式，如果税收调整到企业与居民的收入增长速度以及政府财政收入的增速均衡水平，则可以起到刺激生产与消费的效果，实现与市场机制相配套的国民收入倍增计划。日本从1960年开始实行的国民收入倍增计划，奠定了日本经济强国的基础。消费券可以救急，而正确的税收激励、市场化机制与国民收入倍增计划，才能使中国立于经济强国之列。

参考文献

[1] Nicholas N. Being Digital[M]. New York: Alfred A. Knopf, Inc., 1995.

[2] Anthony G. The Global Third Way Debate[M]. Cambridge: Polity, 2001.

[3] Alvin Toffle, Heidi Toffle. Revolutionary Wealth[M]. New York: Alfred A. Knopf, Inc., 2006.

[4] Manuel C. Communication Power[M]. Oxford: Oxford University Press, 2009.

[5] 王建宙."物联网"将成为经济发展的又一驱动器[J]. IT 时代周刊,2009(Z2):20-22.

[6] 汪亮,罗如意. 物联网经济:杭州未来经济发展重点[J]. 杭州科技,2009(5):36-40.

[7] 侯赟慧,岳中刚. 我国物联网产业未来发展路径探析[J]. 现代管理科学,2010(2):39-41.

[8] 陈锐. 物联网:后 IP 时代国家创新发展的重大战略机遇[J]. 中国科学院院刊,2010(1):41-49.

[9] 兰建平,刘鹏. 推进物联网产业化发展 打造传感网为主的"U 浙江"[J]. 信息化建设,2009(12):18-20.

[10] 王保云. 物联网技术研究综述[J]. 电子测量与仪器学报,2009(12):1-7.

[11] 邵威,李莉. 感知中国:我国物联网发展路径研究[J]. 中国科技信息,2009(24):330-331.

[12] 卢涛,尤安军. 美、欧、日、韩等国物联网产业的发展战略及其对我国的启示[J]. 科技进步与对策,2012(4):47-51.

[13] 工业和信息化部电信研究院. 物联网白皮书(2011)[J]. 中国公共安全(综合版),2012(1):148-152.

[14] 李虹. 物联网:生产力的变革[M]. 北京:人民邮电出版社,2010.

[15] 黄桂田,龚六堂,张全升. 中国物联网发展报告 2011[M]. 北京:社会科学文献出版社,2011.

[16] 宁焕生. RFID 重大工程与国家物联网[M]. 北京:机械工业出版社,2010.

[17] 李向文. 物联网概论:物联网框架及产业链蓝图[M]. 北京:中国物资出版

社,2011.

[18] 艾浩军,单志广,张定安,等.物联网:技术与产业发展[M].北京:人民邮电出版社,2011.

[19] 覃正,季成,徐兴锋,等.云计算、物联网背景下服务外包产业的发展政策研究[J].国际贸易,2011(7):62-68.

[20] 王建平,曹洋,史一哲.物联网软件产业链研究[J].中国软科学,2011(8):27-32.

[21] 黄卫东,岳中刚.物联网核心技术链演进及其产业政策研究[J].中国人民大学学报,2011(4):47-53.

[22] 杨永志,高建华.试论物联网及其在我国的科学发展[J].中国流通经济,2010(2):46-49.

[23] 王文峰.2011年中欧物联网专家组第四次会议议题[J].信息技术与标准化,2011(12):20-21.

[24] 杭州市物联网产业发展规划(2010—2015年)[EB/OL].(2010-11-11)[2015-09-06]. http://www.1000plan.org/qrjh/article/9907? page=2.

[25] 袁国智,董毅明.我国物联网产业现状及其发展对策分析[J].商业时代,2011(4):28-29.

[26] 我国物联网产业发展的制约瓶颈与对策研究[EB/OL].(2010-03-09)[2015-09-06]. http://china.toocle.com/cbna/item/2010-03-09/5031363.html.

[27] 各省如何加快物联网产业发展?[EB/OL].(2012-02-20)[2015-09-06]. http://www.gxi.gov.cn/tj/201202/t20120220_412475.htm.

[28] 罗雨泽."一带一路",激活区域发展潜力[N].人民日报,2015-05-14(5).

[29] 程国强.构建"一带一路"国际智库网络[N].光明日报,2015-04-22(16).

[30] 赵龙跃."一带一路"战略中的观念更新与规则构建[N].光明日报,2015-04-30(16).

[31] 来有为,王开前.中国跨境电子商务发展形态、障碍性因素及其下一步[J].改革,2014(5):68-74.

[32] 资道根.基于灰色GM(1,1)模型的跨境电子商务发展前景预测分析[J].数学的实践与认识,2015(1):96-105.

[33] 蔡晶.我国跨境电子商务发展分析及建议[J].商业经济研究,2015(2):84-85.

后　记

杭商是与杭州城市创业文化高度相关的商帮群体，是杭州籍商人在杭州创业、杭州籍商人在外地创业、外地籍商人在杭州创业三类群体的总称。2009年，在首届杭商大会上，杭州市委、市政府做出了研究杭商现象、树立杭商品牌的重要战略部署。2014年10月，以"凝聚杭商力量共促杭州发展"为主题的世界杭商大会隆重召开，杭州市委、市政府要求，进一步整合海内外杭商资源，凝聚海内外杭商力量，促进海内外杭商合作交流，引导海内外杭商共同参与杭州的发展与建设，为实现杭州新一轮科学发展、转型发展增添新动力。

杭州市社会科学院杭商研究中心自2009年开始进行杭商系列研究，并牵头负责杭商研究丛书的编撰工作。本书为丛书之一，是继《杭商与杭州经济竞争力》《三镇三谷、智慧版图》《新兴杭商》等之后的第7本著作。

本书是近几年的相关课题研究成果，杭州产业发展的生动实践为本书提供了鲜活的素材，企业家们的创新探索、真知灼见使我受益匪浅，政府部门积极主导的产业政策极大地丰富了本书的内容。在课题研究过程中，承蒙中共杭州市委党校徐晖、李一平、高国舫、朱明芬、黄俊尧、胡秀丽、韩丽峰、万雪芬、翁佩君等领导、同仁的厚爱，杭商研究中心的陈明鑫、洪洁、肖建忠、吴爽、沈芬等研究人员也给予了帮助与支持。在此，谨表谢意。

衷心感谢杭州市社会科学院沈翔院长、周膺副院长、孙璐副院长、张旭东副院长等领导的政策支持，感谢浙江工商大学出版社编辑梁春晓的帮助，感谢所有关心支持我的人！

由于水平和时间的限制，本书的一些观点和研究结论不是很成熟，恳请广大读者和专家批评指正。

周旭霞

2015年9月于杭州